AF625980

Thomas Kliem

Reisemobil
Logbuch

Inhalt

Grönland
Spitzbergen
Barentssee
Europäisches
Nordmeer
Reykjavik
Akureyri
ISLAND
Skógar
Hammerfest
Tromsø
Kirkenes
Murmansk
Kiruna
Luleå
Oulu
Skellefteå
Bottnischer Meerbusen
Kristiansund
Trondheim
SCHWEDEN
FINNLAND
Onegasee
Petrosawods
NORWEGEN
Tampere
Ladogasee
Bergen
Oslo
Turku
Helsinki
Uppsala
Sankt Petersburg
Stavanger
Stockholm
Tallinn
Weliki Nowgorod
Inverness
Aberdeen
ESTLAND
Kristiansand
Göteborg
Jönköping
RUSSLAND
Glasgow
Edinburgh

Atlantischer
Ozean
Mittelmeer
Adria
Schwarze Meer
Cork
Manchester
Sheffield
Cardiff
Birmingham
Minehead
London
Plymouth
Dover
NIEDERLANDE
Amsterdam
Rotterdam
Brüssel
BELGIEN
Lille
LUXEMBURG
Luxemburg
Brest
Rennes
Paris
Nantes
Tours
Loire
FRANKREICH
Bordeaux
Lyon
Rhône
Toulouse
Montpellier
Foix
Narbonne
Marseille
Nizza
MONACO
ANDORRA
Bremen
Hamburg
Rostock
Hannover
Elbe
Berlin
DEUTSCHLAND
Essen
Köln
Leipzig
Dresden
Frankfurt
Rhein
Nürnberg
Straßburg
Stuttgart
München
Donau
Mulhouse
Basel
Zürich
Lindau
FL
Vaduz
Bern
SCHWEIZ
Genf
Martigny
Bozen
Lienz
Stettin
Danzig
Königs-berg
Vilnius
Minsk
WEISSRUSSLAND
Homel
Weichsel
Oder
Posen
Warschau
Brest
Łódz
Breslau
POLEN
Kattowitz
Krakau
Ostrau
Prag
TSCHECHIEN
Brünn
SLOWAKEI
Bratislava
Linz
Wien
ÖSTERREICH
Graz
Pápa
Budapest
UNGARN
SLOWENIEN
Ljubljana
Zagreb
KROATIEN
Umag
Zadar
BOSNIEN
HERZEGOWINA
Sarajevo
Belgrad
SERBIEN
Temesch-burg
Klausenburg
RUMÄNIEN
Kronstadt
Bukarest
Konstanz
Donau
MOLDAU
Kischinau
Odes
Kiev
Shyzomyr
UKRAINE
Lemberg
Winnyzja
Dnister
Dnip
Smolen
Mailand
Turin
Verona
Venedig
Po
Genua
Bologna
SAN MARINO
Florenz
ITALIEN
Rom
Neapel
Bari
Tarent
Korsika
Sardinien
Cagliari
Palermo
Messina
Catania
Sizilien
MALTA
Valletta
Dubrovnik
MONTENEGRO
Podgorica
Priština
KOSOVO
Skopje
MAZEDONIEN
Tirana
ALBANIEN
Korfu
Sofia
BULGARIEN
Plovdiv
Varna
Burgas
İstanbul
Bursa
TÜRKEI
İzmir
Thessaloniki
GRIECHENLAND
Athen
Kreta
Heraklion
La Coruña
Gijón
Vigo
Bilbao
Porto
PORTUGAL
Valladolid
Ebro
Zaragoza
Mallos de Riglos
Tajo
Madrid
Lissabon
SPANIEN
Barcelona
Valencia
Palma
Mallorca
Córdoba
Sevilla
Cádiz
Granada
Murcia
Alicante
Cartagena
Málaga
Almeria
Tanger
Rabat
Casablanca
Fes
Oujda
MAROKKO
Oran
Algier
ALGERIEN
Anaba
Tunis
Sousse
TUNESIEN

Einfache Handhabung – eine kleine Gebrauchsanweisung

Das »Reisemobil Logbuch« ist ein wichtiger Begleiter für jede Reise. Es dient zur Vorbereitung und ist eine hilfreiche Dokumentation der Reisen. Gerne schaut man hinein und erinnert sich an die bisherigen Touren. So kann man die persönlich als besonders schön eingestuften Streckenabschnitte erneut fahren, nächtigt auf einem bereits erprobten Camping- oder Stellplatz und findet das für gut befundene Restaurant schnell wieder. Auf der anderen Seite lässt sich ein erneuter Besuch negativ eingestufter Ziele vermeiden. Schließlich kann durch das Dokumentieren der Reise auch das »Routenwissen« gefestigt werden, so bleibt die erlebte und niedergeschriebene Route länger präsent.

Wer seinen Freunden gerne hilfreiche Tipps gibt oder gar ganze Routen empfiehlt, wird sicherlich schnell das Logbuch zücken. So sollte man sich im Urlaub täglich einige Minuten Zeit nehmen und das »Reisetagebuch« schreiben. Durch die Möglichkeit, die Wetterprognosen und das Wichtige für den nächsten Tag einzutragen, wird die Organisation der Reise optimiert. Kurz gesagt, das »Reisemobil Logbuch« ist eine wichtige Hilfe für jeden Reisemobilisten und hat auf jeder Tour seinen Platz im Handschuhfach. In der Zeit zwischen den Wohnmobilreisen steht es griffbereit im häuslichen Bücherregal. Die Vielzahl an Infos, von landesspezifischen Verkehrsbestimmungen über wichtige Adressen und Techniktipps bis hin zum kleinen Wörterbuch, machen dieses Buch auch zu einem praktischen Nachschlagewerk.

Bevor der Reisemobilist den Zündschlüssel umdreht, sollte er jedoch einige Ratschläge beherzigen und das Logbuch für die Tour vorbereiten. So gilt es, in dem Kapitel »Angaben zum eigenen Fahrzeug und zur Person« alle relevanten Daten einzutragen. Hier gehören die Fahrzeugabmessungen ebenso rein wie die persönlichen Notfallnummern. So ist vor einer Brückendurchfahrt die Angabe über die Fahrzeughöhe genauso schnell griffbereit wie bei gesundheitlichen Fragen die Telefonnummer des Hausarztes. Gleiches gilt für eine nötige Sperrung der Kreditkarte oder den Kontakt mit der heimischen Werkstatt! Im Reiseteil, dem natürlich umfangreichsten Abschnitt des Buches, wird die Reise detailliert dokumentiert. Das Beispiel auf Seite 11 kann hierbei helfen. Empfehlenswert ist es auch, die Routen in die Europakarte einzutragen. Unterschiedliche Farben dienen der Übersichtlichkeit. Der Jahresabschluss informiert rückblickend über das persönliche Reisejahr. Ein Vergleich der Reisejahre kann sehr aufschlussreich sein. Wer Eintrittskarten, Adressen von Urlaubsbekanntschaften, Quittungen, Fotos, Aufkleber, weitere Notizen und vieles mehr in dem Logbuch unterbringen will, wird sich über die freie rechte Seite freuen.

Damit man wichtige Dinge stets im Reisemobil hat, hilft eine Checkliste, die man auch um persönliche Dinge ergänzen kann. Vor der Reise geht der Reisemobilist kurz die Checkliste durch und vermeidet so, dass benötigte Dinge fehlen. Ein Nachkauf würde nur unnötig die Urlaubskasse belasten. Geld sparen kann man auch mit den Techniktipps, insbesondere mit den Ratschlägen zum Spritsparen. Wer also diese wenigen Hinweise zur Handhabung beherzigt, wird sicherlich viel Freude an dem Logbuch haben.

Gute Reise und allzeit gute Fahrt!

Angaben zum Fahrzeug und zur Person

Angaben zum Fahrzeug

Kfz-Kennzeichen ______

Fahrgestellnummer ______

Fahrzeugabmessungen

Länge ______

Höhe ______

Breite ______

Zulässiges Gesamtgewicht ______

Füllmengen

Kraftstofftank ______

AdBlue ______

Frischwassertank ______

Abwassertank ______

Motoröl ______

Gasflasche/Gastank ______

Reifenluftdruck

______ bar (vorne)

______ bar (hinten)

Wichtige Adressen

Reisemobilhersteller ______

______

Kfz-Versicherung ______

______

Versicherungsnummer ______

Verkehrsrechtsschutz ______

______

Versicherungsnummer ______

Mobilitätsversicherung (Schutzbrief)

______

Schutzbriefnummer ______

Automobilclub ______

Mitgliedsnummer ______

Heimische Werkstatt ______

______

Prüfungstermine

Nächste Hauptuntersuchung ______

Gasprüfung ______

Angaben zur Person

Fahrer/in

Name

Adresse

Telefon

Handy-Nr.

E-Mail

Blutgruppe

Adresse Krankenversicherung

Versicherungsnummer

Adresse Hausarzt

Adresse Kreditkarteninstitut

Sperrnummer

Adresse Anwalt

Adresse Angehörige

Weitere wichtige Kontakte

Beifahrer/in

Name

Adresse

Telefon

Handy-Nr.

E-Mail

Blutgruppe

Adresse Krankenversicherung

Versicherungsnummer

Adresse Hausarzt

Adresse Kreditkarteninstitut

Sperrnummer

Adresse Anwalt

Adresse Angehörige

Weitere wichtige Kontakte

Bilder

Hier finden Sie genügend Platz, um Bilder Ihres Fahrzeuges oder Ihrer Familie einzukleben.

Beispielseite

Reise WESTSCHWEDEN

Fahrtag 4

Datum 23.7.

Standort morgens MARSTRAND

Standort abends GREBBESTAD

Routenbeschreibung | Ereignisse

Mit einem weinenden Auge verlassen wir das schöne Fischerdorf MARSTRAND. Dann geht es zur Festung Kungälv, die uns nicht so gut gefällt wie der Küstenort SMÖGEN. In diesem Bilderbuchdorf ist der Fisch lecker – jedoch sehr teuer! Weiter geht es nach FJÄLLBACKA. Hier wandern wir auf den Hügel Vetteberget, von dem der Blick über die Schärenküste fantastisch ist. Nur wenige Kilometer sind es zum Fischerdorf GREBBESTAD. Am Fischerhafen lassen wir den schönen Reisetag in einer urigen Kneipe am Hafen ausklingen!

Stell- oder Campingplatzinfo

Marstrands Familjecamping

tolle Lage an der Schärenküste, gute Sanitäreinrichtung, leicht geneigte Stellplätze, gutes Preis-Leistungsverhältnis, Kiosk, Nachts sehr ruhig !!!

Wetter

10 Uhr:	17 °C
14 Uhr:	24 °C
20 Uhr:	22 °C
Vorhersage für morgen:	

Entfernungen

gefahrene Kilometer:	231
Übertrag:	710
Kilometer insgesamt:	941
nächste Etappe:	ca. 150 km

Wichtiges für den nächsten Tag

Jörg hat Geburtstag → anrufen

Tanken und Einkaufen u.a. Grillkohle, Brot, Spülmittel

Reise

Fahrtag

Datum

Standort morgens

Standort abends

Routenbeschreibung | Ereignisse

Stell- oder Campingplatzinfo

Wetter

10 Uhr:

14 Uhr:

20 Uhr:

Vorhersage für morgen:

Entfernungen

gefahrene Kilometer:

Übertrag:

Kilometer insgesamt:

nächste Etappe:

Wichtiges für den nächsten Tag

Persönliche Einträge

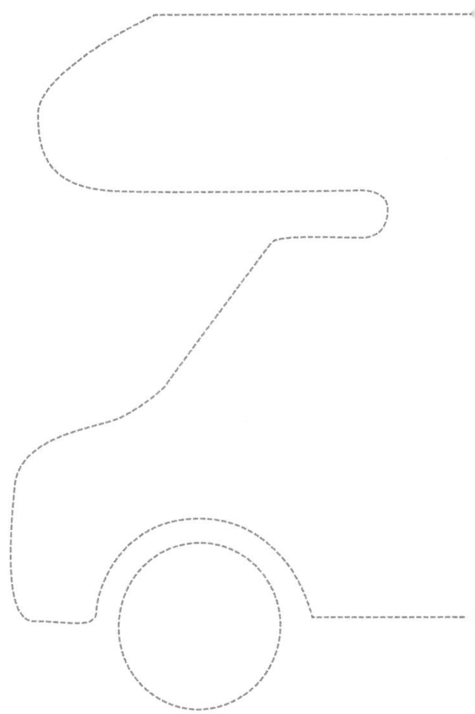

Reise

Fahrtag

Datum

Standort morgens

Standort abends

Routenbeschreibung | Ereignisse

Stell- oder Campingplatzinfo

Wetter

10 Uhr:

14 Uhr:

20 Uhr:

Vorhersage für morgen:

Entfernungen

gefahrene Kilometer:

Übertrag:

Kilometer insgesamt:

nächste Etappe:

Wichtiges für den nächsten Tag

Persönliche Einträge

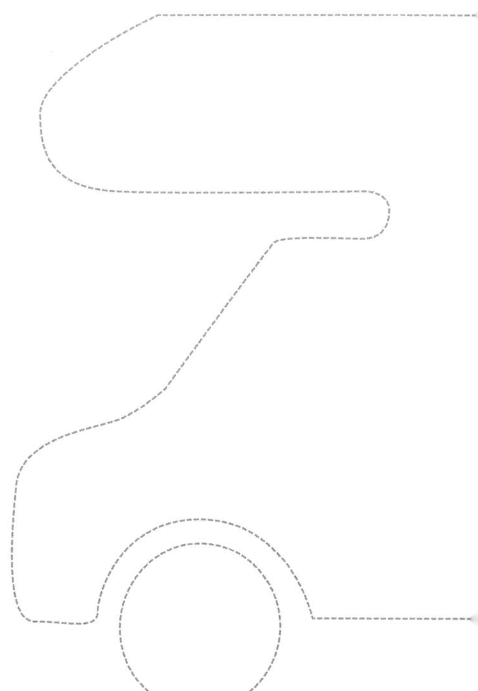

Reise

Fahrtag

Datum

Standort morgens

Standort abends

Routenbeschreibung | Ereignisse

Stell- oder Campingplatzinfo

Wetter

10 Uhr:

14 Uhr:

20 Uhr:

Vorhersage für morgen:

Entfernungen

gefahrene Kilometer:

Übertrag:

Kilometer insgesamt:

nächste Etappe:

Wichtiges für den nächsten Tag

Persönliche Einträge

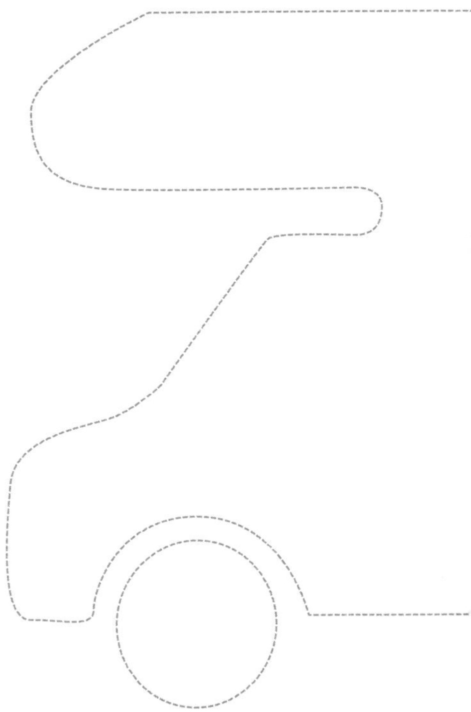

Reise

Fahrtag

Datum

Standort morgens

Standort abends

Routenbeschreibung | Ereignisse

Stell- oder Campingplatzinfo

Wetter

10 Uhr:

14 Uhr:

20 Uhr:

Vorhersage für morgen:

Entfernungen

gefahrene Kilometer:

Übertrag:

Kilometer insgesamt:

nächste Etappe:

Wichtiges für den nächsten Tag

Persönliche Einträge

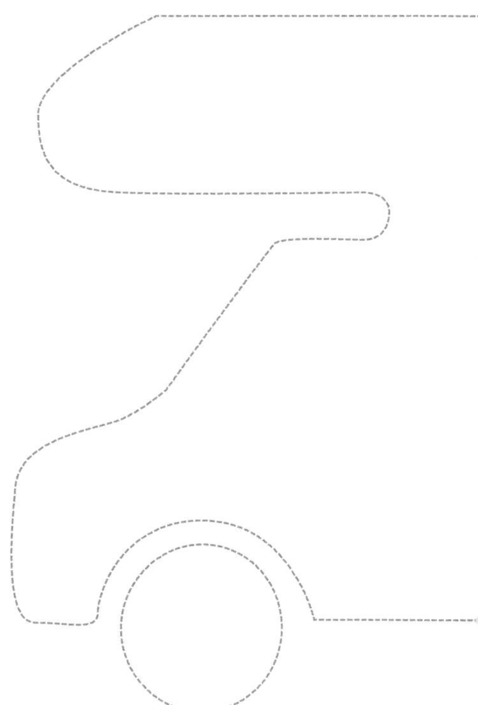

Reise

Fahrtag

Datum

Standort morgens

Standort abends

Routenbeschreibung | Ereignisse

Stell- oder Campingplatzinfo

Wetter

10 Uhr:

14 Uhr:

20 Uhr:

Vorhersage für morgen:

Entfernungen

gefahrene Kilometer:

Übertrag:

Kilometer insgesamt:

nächste Etappe:

Wichtiges für den nächsten Tag

Persönliche Einträge

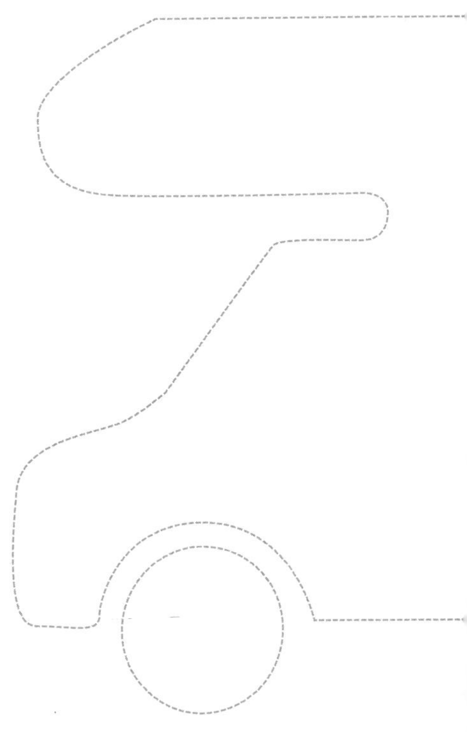

Reise

Fahrtag

Datum

Standort morgens

Standort abends

Routenbeschreibung | Ereignisse

Stell- oder Campingplatzinfo

Wetter

10 Uhr:

14 Uhr:

20 Uhr:

Vorhersage für morgen:

Entfernungen

gefahrene Kilometer:

Übertrag:

Kilometer insgesamt:

nächste Etappe:

Wichtiges für den nächsten Tag

Persönliche Einträge

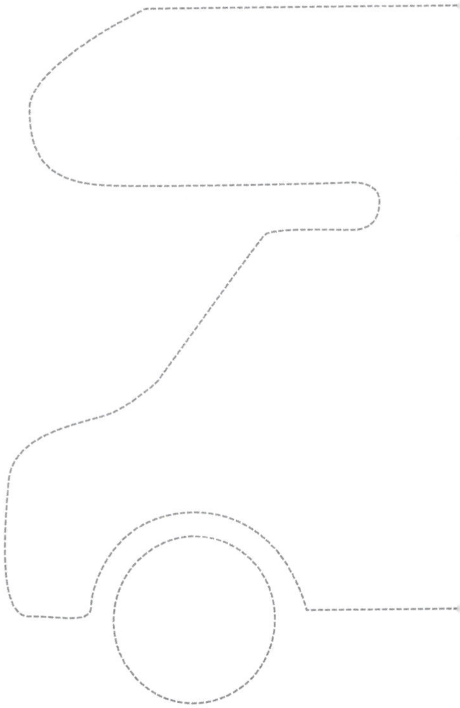

Reise

Fahrtag

Datum

Standort morgens

Standort abends

Routenbeschreibung | Ereignisse

Stell- oder Campingplatzinfo

Wetter

10 Uhr:

14 Uhr:

20 Uhr:

Vorhersage für morgen:

Entfernungen

gefahrene Kilometer:

Übertrag:

Kilometer insgesamt:

nächste Etappe:

Wichtiges für den nächsten Tag

Persönliche Einträge

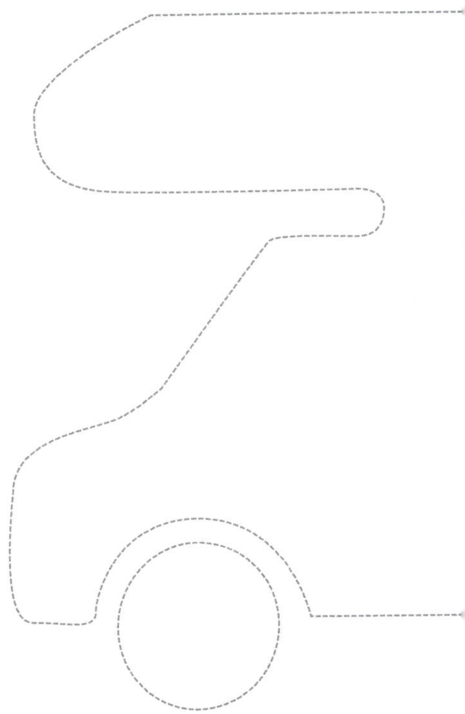

Reise

Fahrtag

Datum

Standort morgens

Standort abends

Routenbeschreibung | Ereignisse

Stell- oder Campingplatzinfo

Wetter

10 Uhr:

14 Uhr:

20 Uhr:

Vorhersage für morgen:

Entfernungen

gefahrene Kilometer:

Übertrag:

Kilometer insgesamt:

nächste Etappe:

Wichtiges für den nächsten Tag

Persönliche Einträge

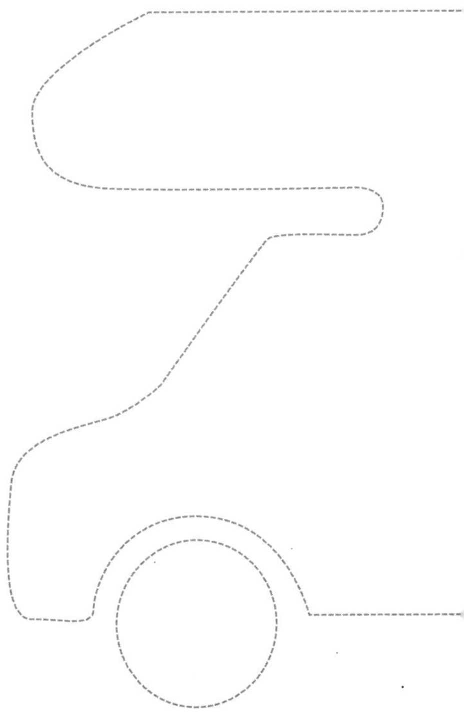

Reise

Fahrtag

Datum

Standort morgens

Standort abends

Routenbeschreibung | Ereignisse

Stell- oder Campingplatzinfo

Wetter

10 Uhr:

14 Uhr:

20 Uhr:

Vorhersage für morgen:

Entfernungen

gefahrene Kilometer:

Übertrag:

Kilometer insgesamt:

nächste Etappe:

Wichtiges für den nächsten Tag

Persönliche Einträge

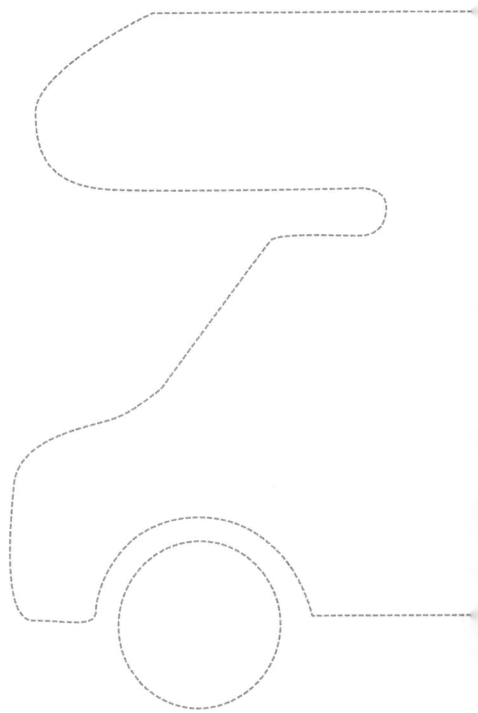

Reise

Fahrtag

Datum

Standort morgens

Standort abends

Routenbeschreibung | Ereignisse

Stell- oder Campingplatzinfo

Wetter

10 Uhr: ____________

14 Uhr: ____________

20 Uhr: ____________

Vorhersage für morgen: ____________

Entfernungen

gefahrene Kilometer: ____________

Übertrag: ____________

Kilometer insgesamt: ____________

nächste Etappe: ____________

Wichtiges für den nächsten Tag

Persönliche Einträge

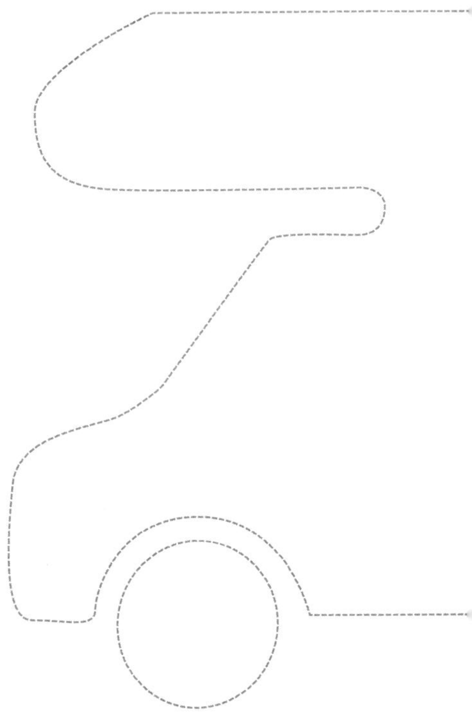

Reise

Fahrtag

Datum

Standort morgens

Standort abends

Routenbeschreibung | Ereignisse

Stell- oder Campingplatzinfo

Wetter

10 Uhr:

14 Uhr:

20 Uhr:

Vorhersage für morgen:

Entfernungen

gefahrene Kilometer:

Übertrag:

Kilometer insgesamt:

nächste Etappe:

Wichtiges für den nächsten Tag

Persönliche Einträge

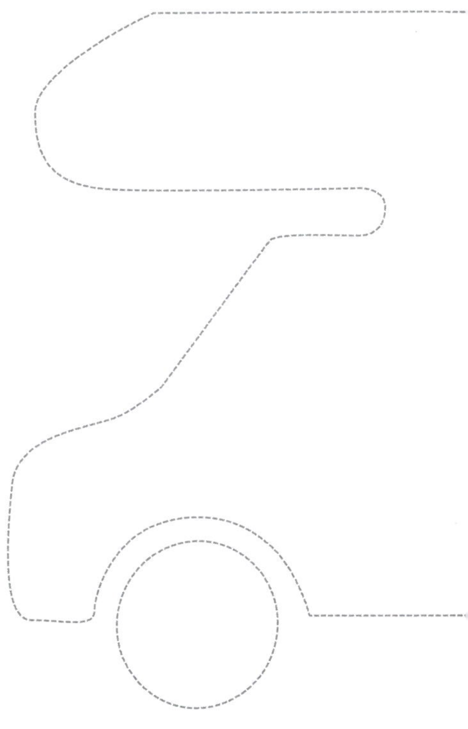

Reise

Fahrtag

Datum

Standort morgens

Standort abends

Routenbeschreibung | Ereignisse

Stell- oder Campingplatzinfo

Wetter

10 Uhr: ______

14 Uhr: ______

20 Uhr: ______

Vorhersage für morgen: ______

Entfernungen

gefahrene Kilometer: ______

Übertrag: ______

Kilometer insgesamt: ______

nächste Etappe: ______

Wichtiges für den nächsten Tag

Persönliche Einträge

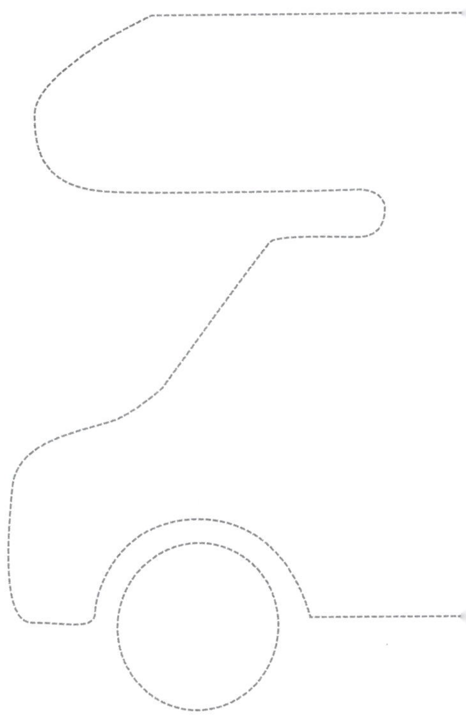

Reise

Fahrtag

Datum

Standort morgens

Standort abends

Routenbeschreibung | Ereignisse

Stell- oder Campingplatzinfo

Wetter

10 Uhr:

14 Uhr:

20 Uhr:

Vorhersage für morgen:

Entfernungen

gefahrene Kilometer:

Übertrag:

Kilometer insgesamt:

nächste Etappe:

Wichtiges für den nächsten Tag

Persönliche Einträge

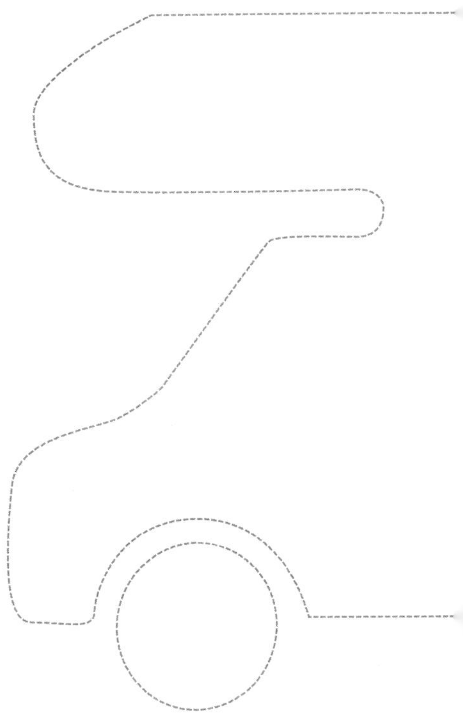

Reise

Fahrtag

Datum

Standort morgens

Standort abends

Routenbeschreibung | Ereignisse

Stell- oder Campingplatzinfo

Wetter

10 Uhr: ____________

14 Uhr: ____________

20 Uhr: ____________

Vorhersage für morgen: ____________

Entfernungen

gefahrene Kilometer: ____________

Übertrag: ____________

Kilometer insgesamt: ____________

nächste Etappe: ____________

Wichtiges für den nächsten Tag

Persönliche Einträge

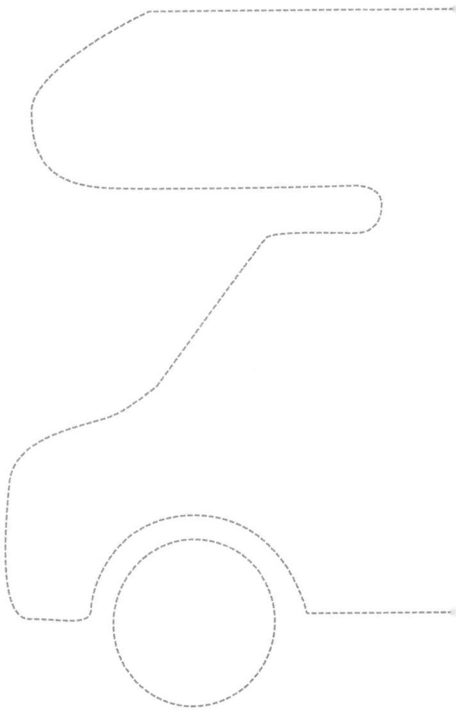

Reise

Fahrtag

Datum

Standort morgens

Standort abends

Routenbeschreibung | Ereignisse

Stell- oder Campingplatzinfo

Wetter

10 Uhr:

14 Uhr:

20 Uhr:

Vorhersage für morgen:

Entfernungen

gefahrene Kilometer:

Übertrag:

Kilometer insgesamt:

nächste Etappe:

Wichtiges für den nächsten Tag

Persönliche Einträge

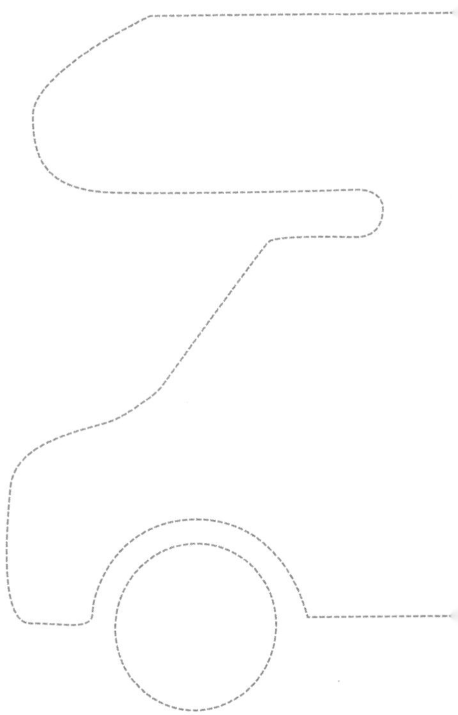

Reise

Fahrtag

Datum

Standort morgens

Standort abends

Routenbeschreibung | Ereignisse

Stell- oder Campingplatzinfo

Wetter

10 Uhr:

14 Uhr:

20 Uhr:

Vorhersage für morgen:

Entfernungen

gefahrene Kilometer:

Übertrag:

Kilometer insgesamt:

nächste Etappe:

Wichtiges für den nächsten Tag

Persönliche Einträge

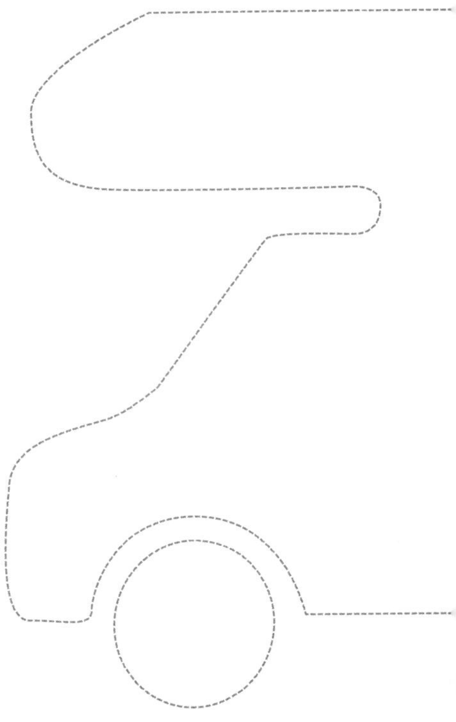

Reise

Fahrtag

Datum

Standort morgens

Standort abends

Routenbeschreibung | Ereignisse

Stell- oder Campingplatzinfo

Wetter

10 Uhr:

14 Uhr:

20 Uhr:

Vorhersage für morgen:

Entfernungen

gefahrene Kilometer:

Übertrag:

Kilometer insgesamt:

nächste Etappe:

Wichtiges für den nächsten Tag

Persönliche Einträge

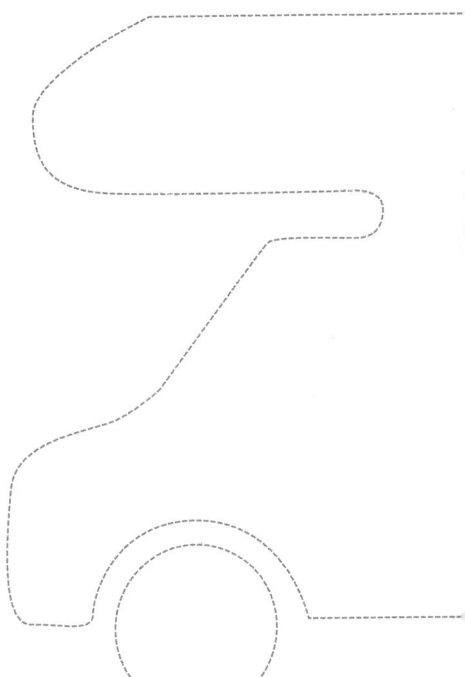

Reise

Fahrtag

Datum

Standort morgens

Standort abends

Routenbeschreibung | Ereignisse

Stell- oder Campingplatzinfo

Wetter

10 Uhr:

14 Uhr:

20 Uhr:

Vorhersage für morgen:

Entfernungen

gefahrene Kilometer:

Übertrag.

Kilometer insgesamt:

nächste Etappe:

Wichtiges für den nächsten Tag

Persönliche Einträge

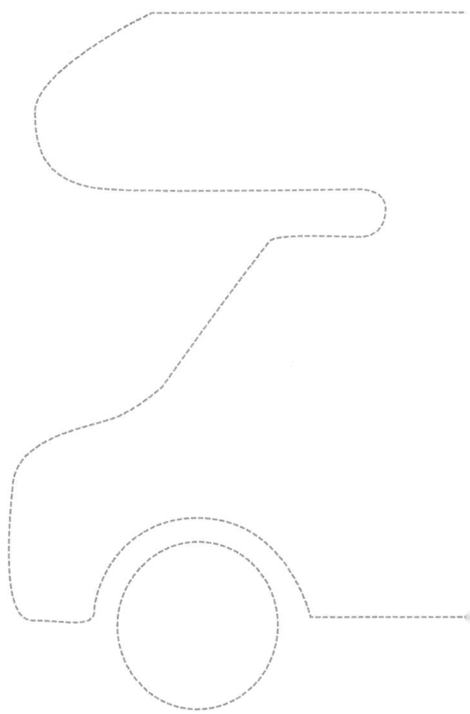

Reise

Fahrtag

Datum

Standort morgens

Standort abends

Routenbeschreibung | Ereignisse

Stell- oder Campingplatzinfo

Wetter

10 Uhr:

14 Uhr:

20 Uhr:

Vorhersage für morgen:

Entfernungen

gefahrene Kilometer:

Übertrag:

Kilometer insgesamt:

nächste Etappe:

Wichtiges für den nächsten Tag

Persönliche Einträge

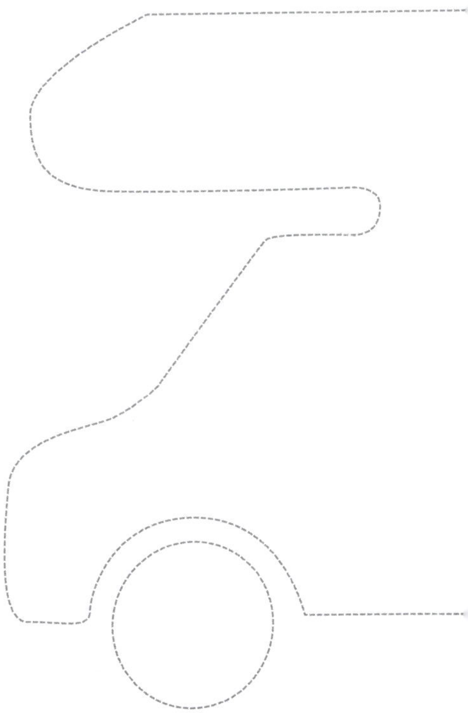

Reise

Fahrtag

Datum

Standort morgens

Standort abends

Routenbeschreibung | Ereignisse

Stell- oder Campingplatzinfo

Wetter

10 Uhr:

14 Uhr:

20 Uhr:

Vorhersage für morgen:

Entfernungen

gefahrene Kilometer:

Übertrag:

Kilometer insgesamt:

nächste Etappe:

Wichtiges für den nächsten Tag

Persönliche Einträge

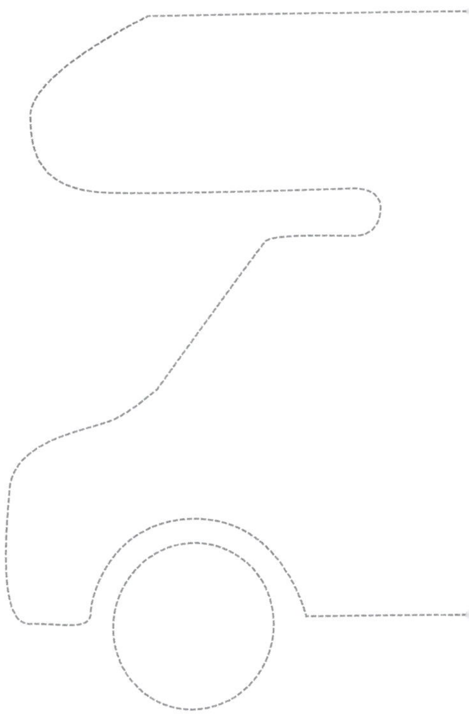

Reise

Fahrtag

Datum

Standort morgens

Standort abends

Routenbeschreibung | Ereignisse

Stell- oder Campingplatzinfo

Wetter

10 Uhr:

14 Uhr:

20 Uhr:

Vorhersage für morgen:

Entfernungen

gefahrene Kilometer:

Übertrag:

Kilometer insgesamt:

nächste Etappe:

Wichtiges für den nächsten Tag

Persönliche Einträge

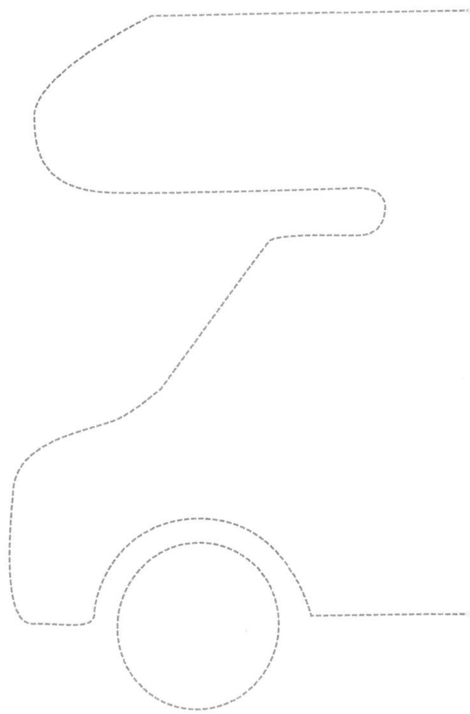

Reise

Fahrtag

Datum

Standort morgens

Standort abends

Routenbeschreibung | Ereignisse

Stell- oder Campingplatzinfo

Wetter

10 Uhr:

14 Uhr:

20 Uhr:

Vorhersage für morgen:

Entfernungen

gefahrene Kilometer:

Übertrag:

Kilometer insgesamt:

nächste Etappe:

Wichtiges für den nächsten Tag

Persönliche Einträge

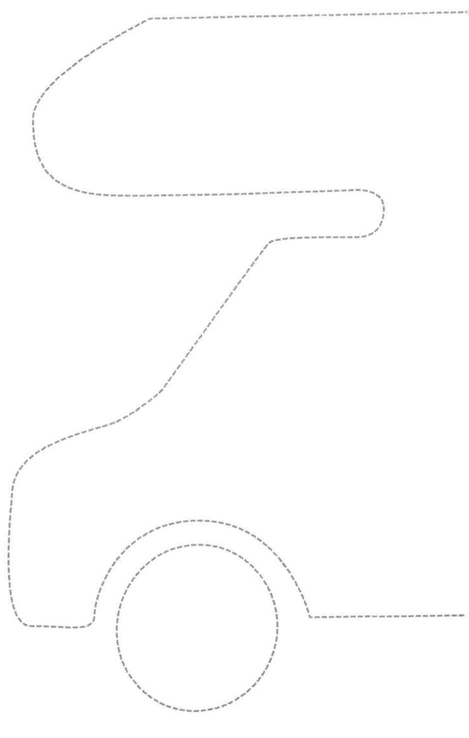

Reise

Fahrtag

Datum

Standort morgens

Standort abends

Routenbeschreibung | Ereignisse

Stell- oder Campingplatzinfo

Wetter

10 Uhr:

14 Uhr:

20 Uhr:

Vorhersage für morgen:

Entfernungen

gefahrene Kilometer:

Übertrag:

Kilometer insgesamt:

nächste Etappe:

Wichtiges für den nächsten Tag

Persönliche Einträge

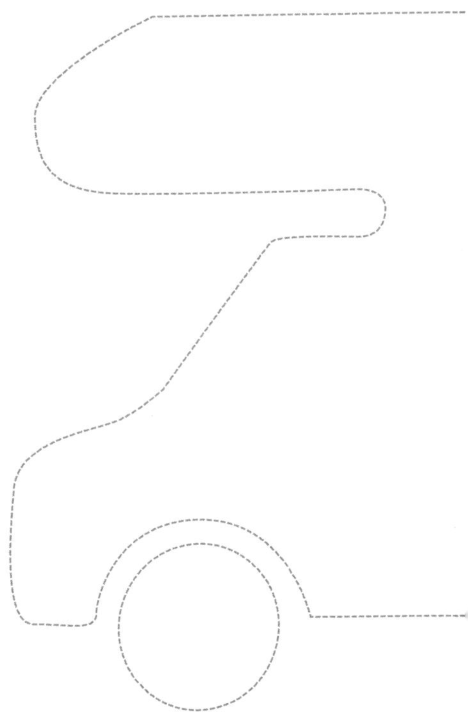

Reise

Fahrtag

Datum

Standort morgens

Standort abends

Routenbeschreibung | Ereignisse

Stell- oder Campingplatzinfo

Wetter

10 Uhr:

14 Uhr:

20 Uhr:

Vorhersage für morgen:

Entfernungen

gefahrene Kilometer:

Übertrag:

Kilometer insgesamt:

nächste Etappe:

Wichtiges für den nächsten Tag

Persönliche Einträge

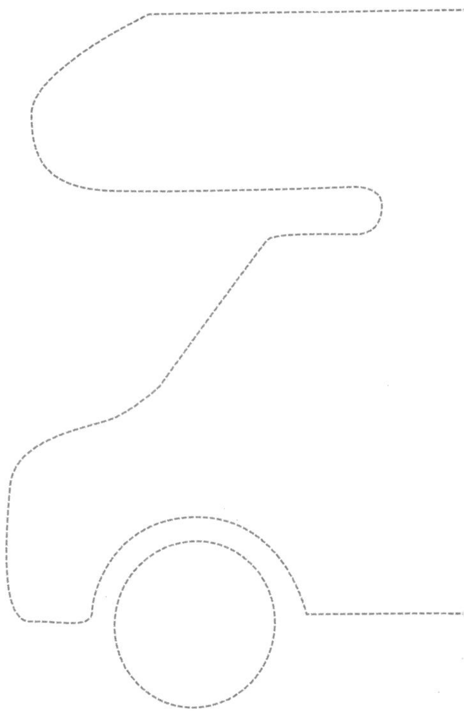

Reise

Fahrtag

Datum

Standort morgens

Standort abends

Routenbeschreibung | Ereignisse

Stell- oder Campingplatzinfo

Wetter

10 Uhr:

14 Uhr:

20 Uhr:

Vorhersage für morgen:

Entfernungen

gefahrene Kilometer:

Übertrag:

Kilometer insgesamt:

nächste Etappe:

Wichtiges für den nächsten Tag

Persönliche Einträge

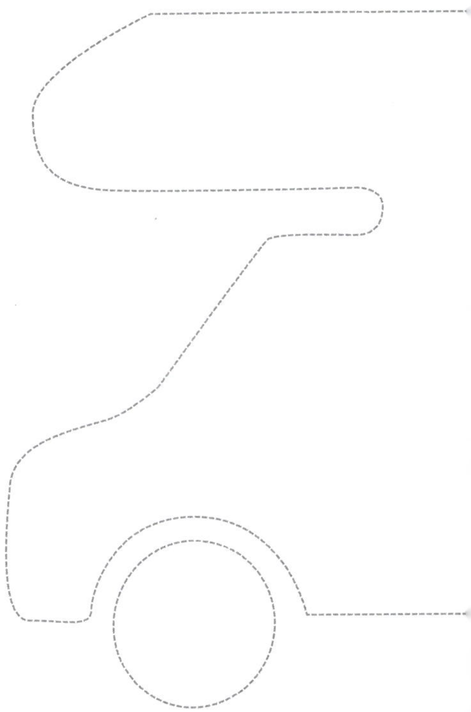

Reise

Fahrtag

Datum

Standort morgens

Standort abends

Routenbeschreibung | Ereignisse

Stell- oder Campingplatzinfo

Wetter

10 Uhr:

14 Uhr:

20 Uhr:

Vorhersage für morgen:

Entfernungen

gefahrene Kilometer:

Übertrag:

Kilometer insgesamt:

nächste Etappe:

Wichtiges für den nächsten Tag

Persönliche Einträge

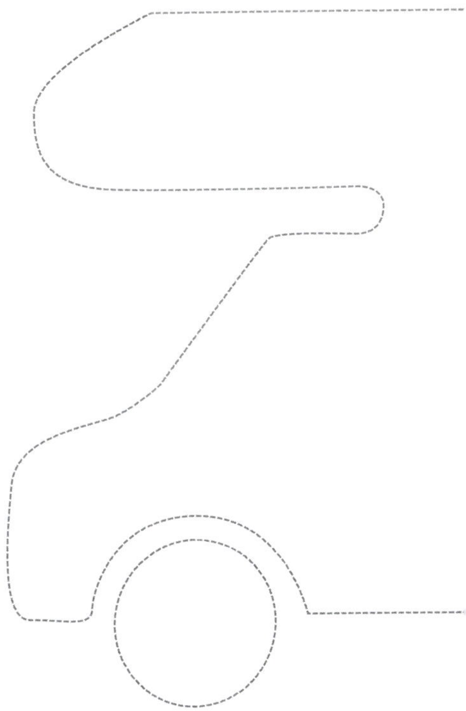

Reise

Fahrtag

Datum

Standort morgens

Standort abends

Routenbeschreibung | Ereignisse

Stell- oder Campingplatzinfo

Wetter

10 Uhr:

14 Uhr:

20 Uhr:

Vorhersage für morgen:

Entfernungen

gefahrene Kilometer:

Übertrag:

Kilometer insgesamt:

nächste Etappe:

Wichtiges für den nächsten Tag

Persönliche Einträge

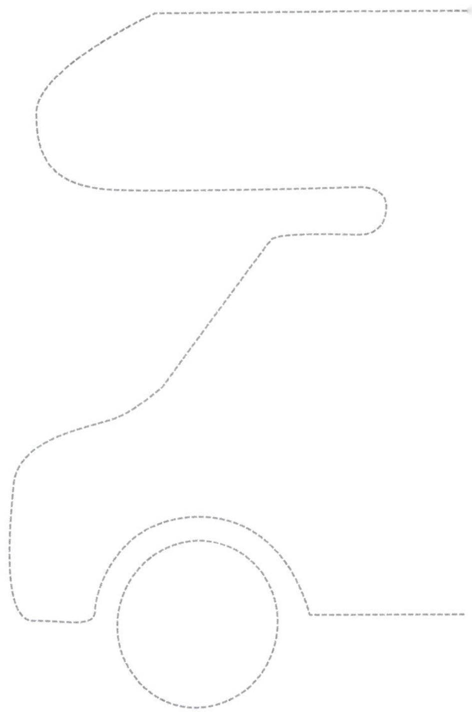

Reise

Fahrtag

Datum

Standort morgens

Standort abends

Routenbeschreibung | Ereignisse

Stell- oder Campingplatzinfo

Wetter

10 Uhr:

14 Uhr:

20 Uhr:

Vorhersage für morgen:

Entfernungen

gefahrene Kilometer:

Übertrag:

Kilometer insgesamt:

nächste Etappe:

Wichtiges für den nächsten Tag

Persönliche Einträge

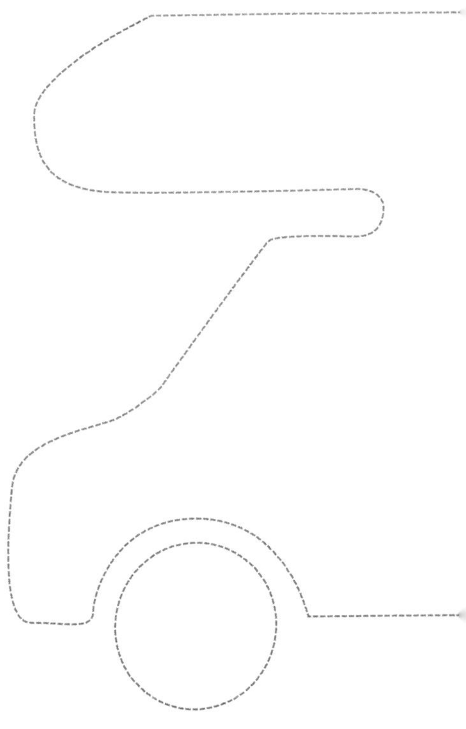

Reise

Fahrtag

Datum

Standort morgens

Standort abends

Routenbeschreibung | Ereignisse

Stell- oder Campingplatzinfo

Wetter

10 Uhr:

14 Uhr:

20 Uhr:

Vorhersage für morgen:

Entfernungen

gefahrene Kilometer:

Übertrag:

Kilometer insgesamt:

nächste Etappe:

Wichtiges für den nächsten Tag

Persönliche Einträge

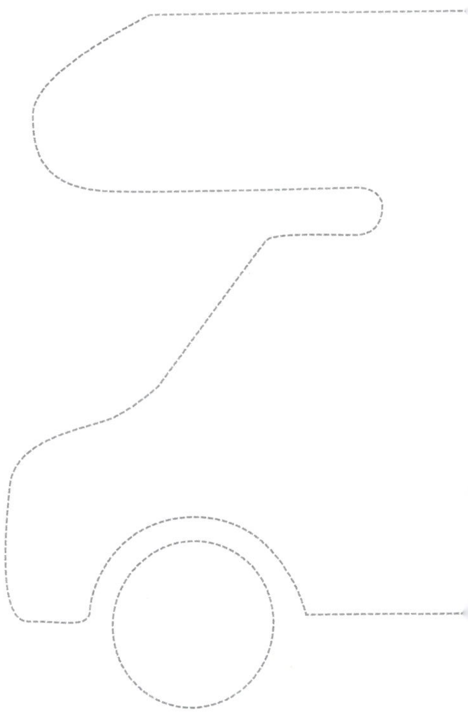

Reise

Fahrtag

Datum

Standort morgens

Standort abends

Routenbeschreibung | Ereignisse

Stell- oder Campingplatzinfo

Wetter

10 Uhr:

14 Uhr:

20 Uhr:

Vorhersage für morgen:

Entfernungen

gefahrene Kilometer:

Übertrag:

Kilometer insgesamt:

nächste Etappe:

Wichtiges für den nächsten Tag

Persönliche Einträge

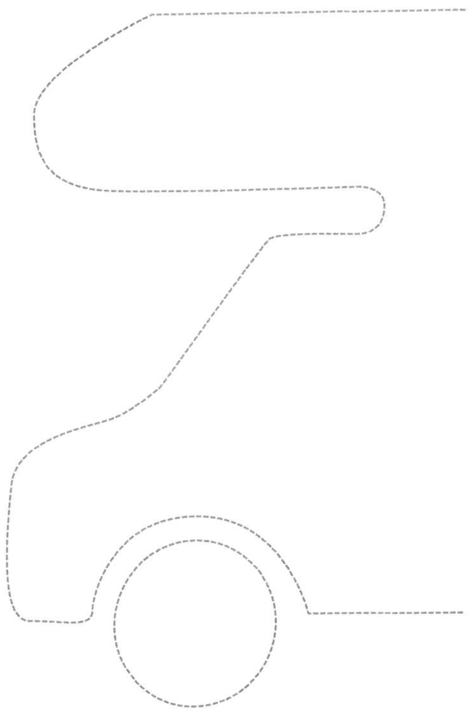

Reise

Fahrtag

Datum

Standort morgens

Standort abends

Routenbeschreibung | Ereignisse

Stell- oder Campingplatzinfo

Wetter

10 Uhr:

14 Uhr:

20 Uhr:

Vorhersage für morgen:

Entfernungen

gefahrene Kilometer:

Übertrag:

Kilometer insgesamt:

nächste Etappe:

Wichtiges für den nächsten Tag

Persönliche Einträge

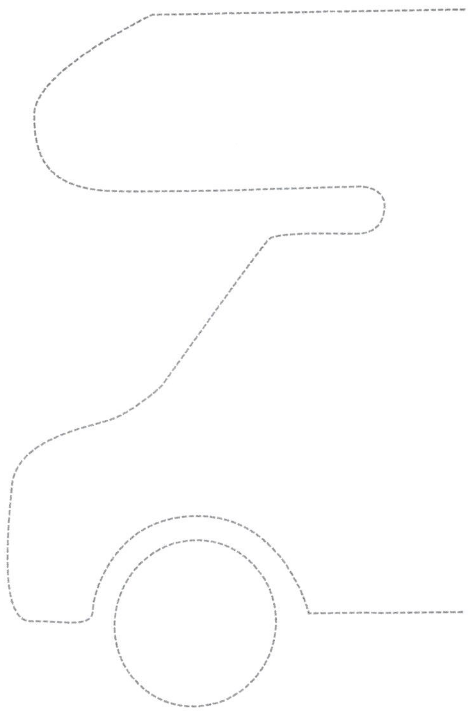

Reise

Fahrtag

Datum

Standort morgens

Standort abends

Routenbeschreibung | Ereignisse

Stell- oder Campingplatzinfo

Wetter

10 Uhr:

14 Uhr:

20 Uhr:

Vorhersage für morgen:

Entfernungen

gefahrene Kilometer:

Übertrag:

Kilometer insgesamt:

nächste Etappe:

Wichtiges für den nächsten Tag

Persönliche Einträge

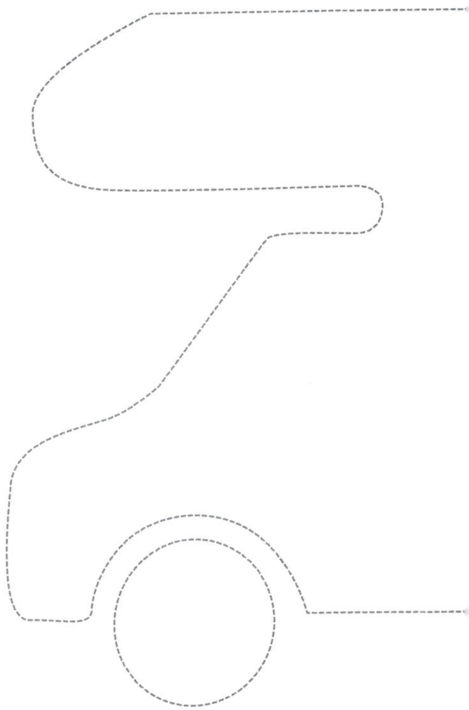

Reise

Fahrtag

Datum

Standort morgens

Standort abends

Routenbeschreibung | Ereignisse

Stell- oder Campingplatzinfo

Wetter

10 Uhr:

14 Uhr:

20 Uhr:

Vorhersage für morgen:

Entfernungen

gefahrene Kilometer:

Übertrag:

Kilometer insgesamt:

nächste Etappe:

Wichtiges für den nächsten Tag

Persönliche Einträge

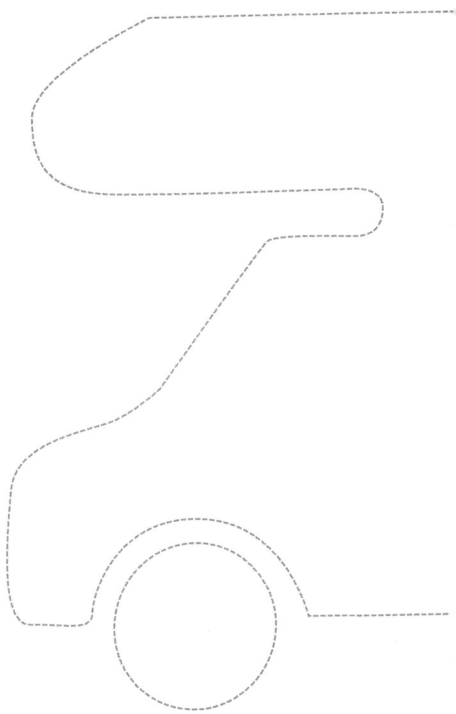

Reise

Fahrtag

Datum

Standort morgens

Standort abends

Routenbeschreibung | Ereignisse

Stell- oder Campingplatzinfo

Wetter

10 Uhr:

14 Uhr:

20 Uhr:

Vorhersage für morgen:

Entfernungen

gefahrene Kilometer:

Übertrag:

Kilometer insgesamt:

nächste Etappe:

Wichtiges für den nächsten Tag

Persönliche Einträge

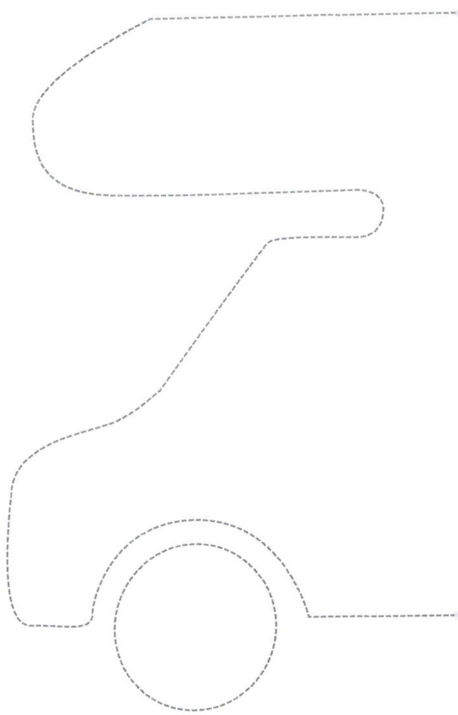

Reise

Fahrtag

Datum

Standort morgens

Standort abends

Routenbeschreibung | Ereignisse

Stell- oder Campingplatzinfo

Wetter

10 Uhr:

14 Uhr:

20 Uhr:

Vorhersage für morgen:

Entfernungen

gefahrene Kilometer:

Übertrag:

Kilometer insgesamt:

nächste Etappe:

Wichtiges für den nächsten Tag

Persönliche Einträge

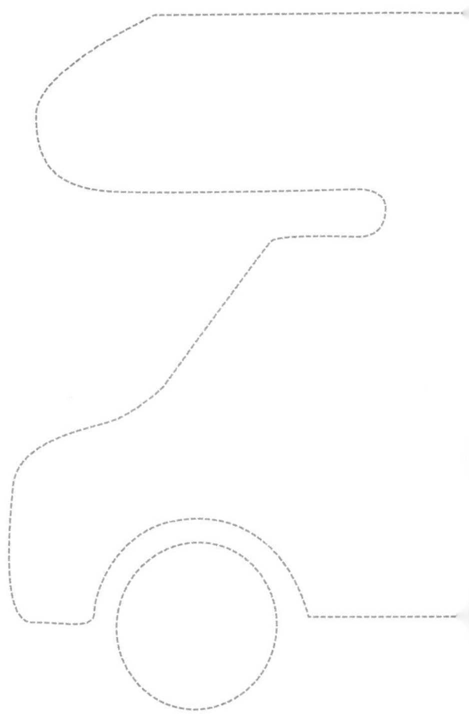

Reise

Fahrtag

Datum

Standort morgens

Standort abends

Routenbeschreibung | Ereignisse

Stell- oder Campingplatzinfo

Wetter

10 Uhr: ____________

14 Uhr: ____________

20 Uhr: ____________

Vorhersage für morgen: ____________

Entfernungen

gefahrene Kilometer: ____________

Übertrag: ____________

Kilometer insgesamt: ____________

nächste Etappe: ____________

Wichtiges für den nächsten Tag

Persönliche Einträge

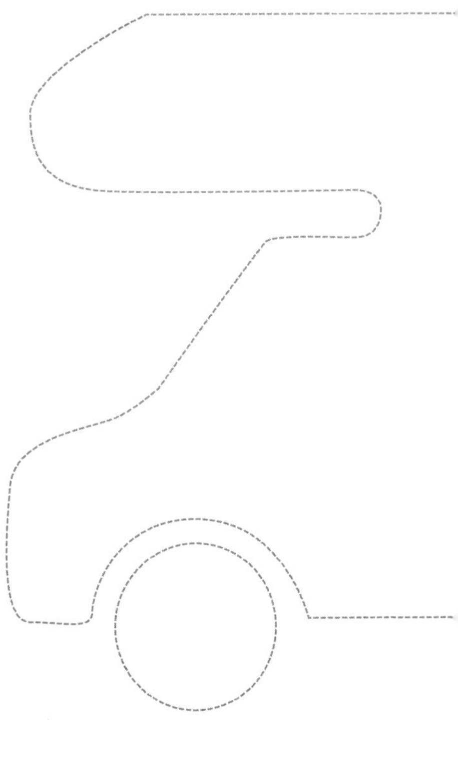

Reise

Fahrtag

Datum

Standort morgens

Standort abends

Routenbeschreibung | Ereignisse

Stell- oder Campingplatzinfo

Wetter

10 Uhr:

14 Uhr:

20 Uhr:

Vorhersage für morgen:

Entfernungen

gefahrene Kilometer:

Übertrag:

Kilometer insgesamt:

nächste Etappe:

Wichtiges für den nächsten Tag

Persönliche Einträge

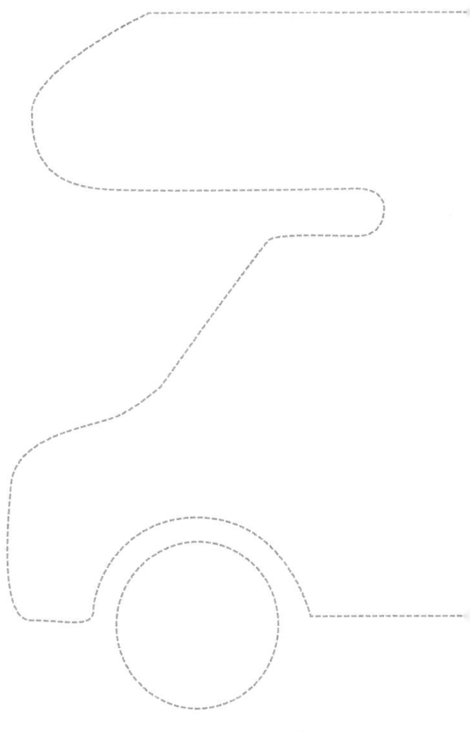

Reise

Fahrtag

Datum

Standort morgens

Standort abends

Routenbeschreibung | Ereignisse

Stell- oder Campingplatzinfo

Wetter

10 Uhr: ______

14 Uhr: ______

20 Uhr: ______

Vorhersage für morgen: ______

Entfernungen

gefahrene Kilometer: ______

Übertrag: ______

Kilometer insgesamt: ______

nächste Etappe: ______

Wichtiges für den nächsten Tag

Persönliche Einträge

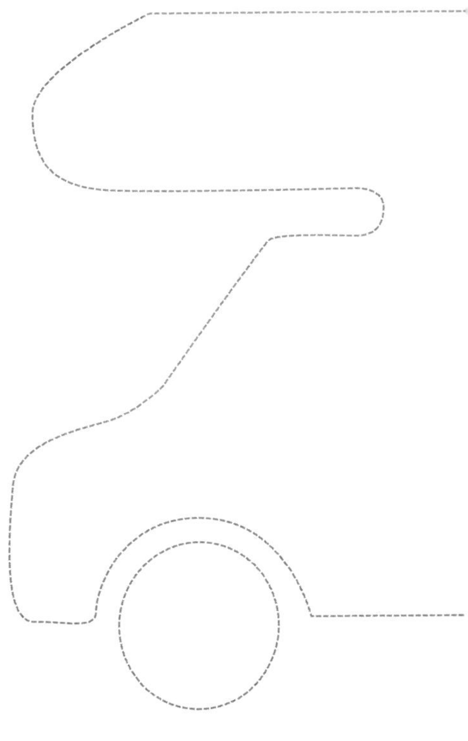

Reise

Fahrtag

Datum

Standort morgens

Standort abends

Routenbeschreibung | Ereignisse

Stell- oder Campingplatzinfo

Wetter

10 Uhr:

14 Uhr:

20 Uhr:

Vorhersage für morgen:

Entfernungen

gefahrene Kilometer:

Übertrag:

Kilometer insgesamt:

nächste Etappe:

Wichtiges für den nächsten Tag

Persönliche Einträge

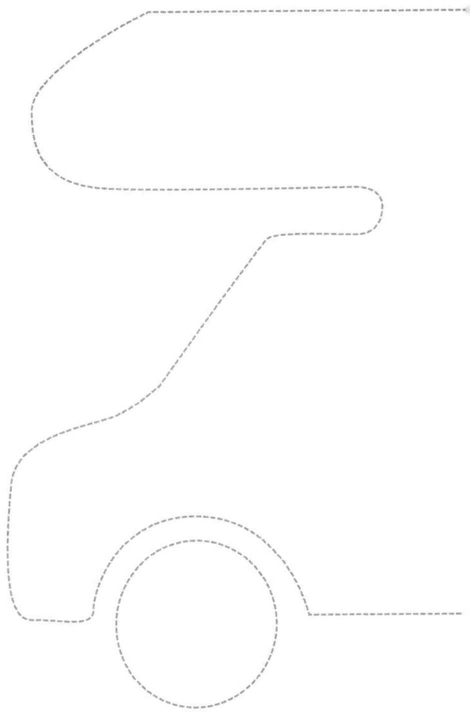

Reise

Fahrtag

Datum

Standort morgens

Standort abends

Routenbeschreibung | Ereignisse

Stell- oder Campingplatzinfo

Wetter

10 Uhr:

14 Uhr:

20 Uhr:

Vorhersage für morgen:

Entfernungen

gefahrene Kilometer:

Übertrag:

Kilometer insgesamt:

nächste Etappe:

Wichtiges für den nächsten Tag

Persönliche Einträge

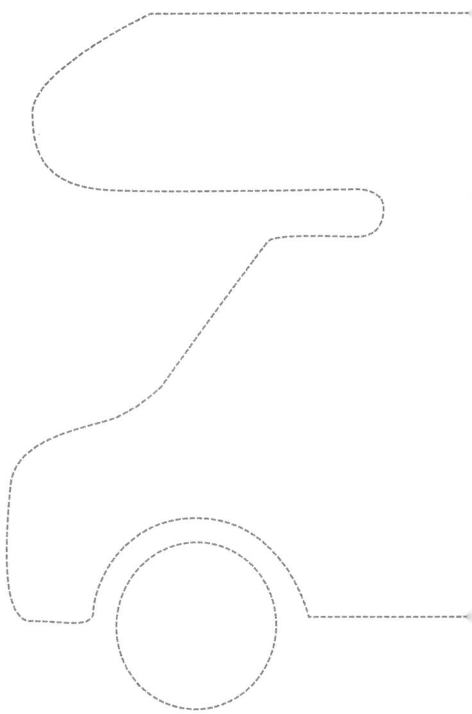

Reise

Fahrtag

Datum

Standort morgens

Standort abends

Routenbeschreibung | Ereignisse

Stell- oder Campingplatzinfo

Wetter

10 Uhr:

14 Uhr:

20 Uhr:

Vorhersage für morgen:

Entfernungen

gefahrene Kilometer:

Übertrag:

Kilometer insgesamt:

nächste Etappe:

Wichtiges für den nächsten Tag

Persönliche Einträge

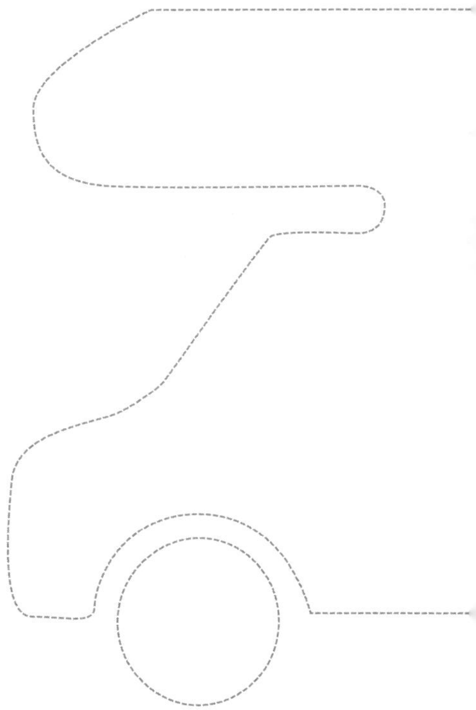

Reise

Fahrtag

Datum

Standort morgens

Standort abends

Routenbeschreibung | Ereignisse

Stell- oder Campingplatzinfo

Wetter

10 Uhr: ______

14 Uhr: ______

20 Uhr: ______

Vorhersage für morgen: ______

Entfernungen

gefahrene Kilometer: ______

Übertrag: ______

Kilometer insgesamt: ______

nächste Etappe: ______

Wichtiges für den nächsten Tag

Persönliche Einträge

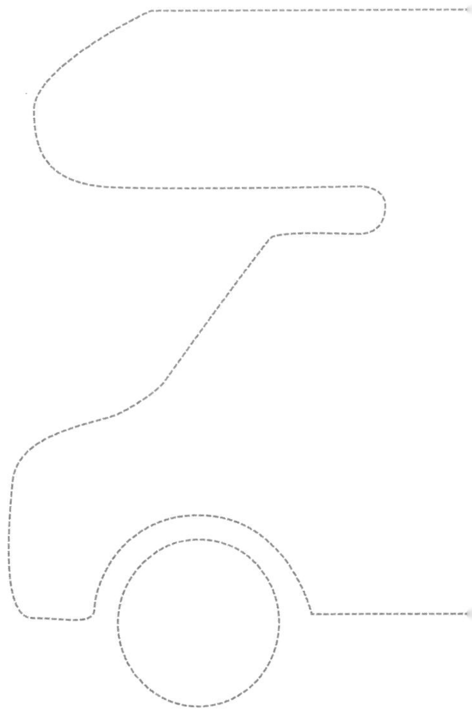

Reise

Fahrtag

Datum

Standort morgens

Standort abends

Routenbeschreibung | Ereignisse

Stell- oder Campingplatzinfo

Wetter

10 Uhr:

14 Uhr:

20 Uhr:

Vorhersage für morgen:

Entfernungen

gefahrene Kilometer:

Übertrag:

Kilometer insgesamt:

nächste Etappe:

Wichtiges für den nächsten Tag

Persönliche Einträge

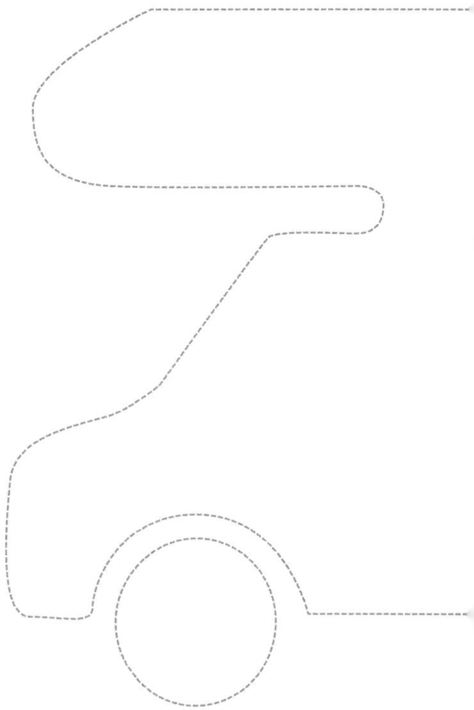

Reise

Fahrtag

Datum

Standort morgens

Standort abends

Routenbeschreibung | Ereignisse

Stell- oder Campingplatzinfo

Wetter

10 Uhr:

14 Uhr:

20 Uhr:

Vorhersage für morgen:

Entfernungen

gefahrene Kilometer:

Übertrag:

Kilometer insgesamt:

nächste Etappe:

Wichtiges für den nächsten Tag

Persönliche Einträge

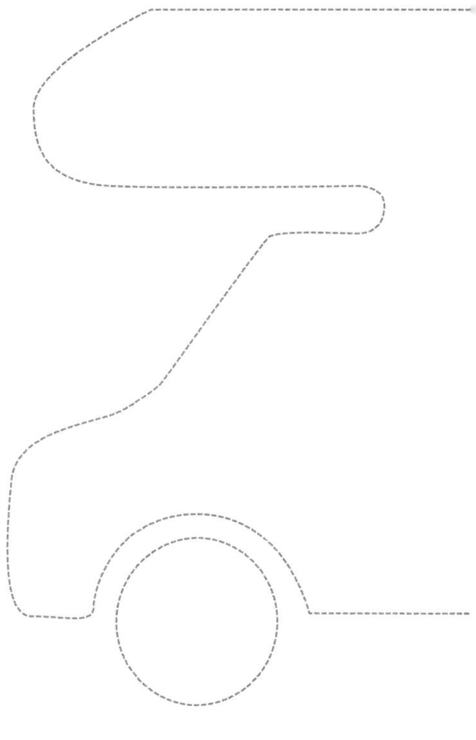

Reise

Fahrtag

Datum

Standort morgens

Standort abends

Routenbeschreibung | Ereignisse

Stell- oder Campingplatzinfo

Wetter

10 Uhr:

14 Uhr:

20 Uhr:

Vorhersage für morgen:

Entfernungen

gefahrene Kilometer:

Übertrag:

Kilometer insgesamt:

nächste Etappe:

Wichtiges für den nächsten Tag

Persönliche Einträge

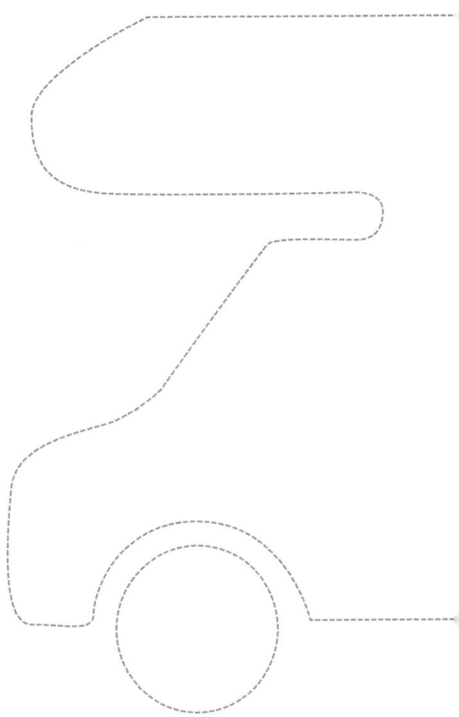

Reise

Fahrtag

Datum

Standort morgens

Standort abends

Routenbeschreibung | Ereignisse

Stell- oder Campingplatzinfo

Wetter

10 Uhr:

14 Uhr:

20 Uhr:

Vorhersage für morgen:

Entfernungen

gefahrene Kilometer:

Übertrag:

Kilometer insgesamt:

nächste Etappe:

Wichtiges für den nächsten Tag

Persönliche Einträge

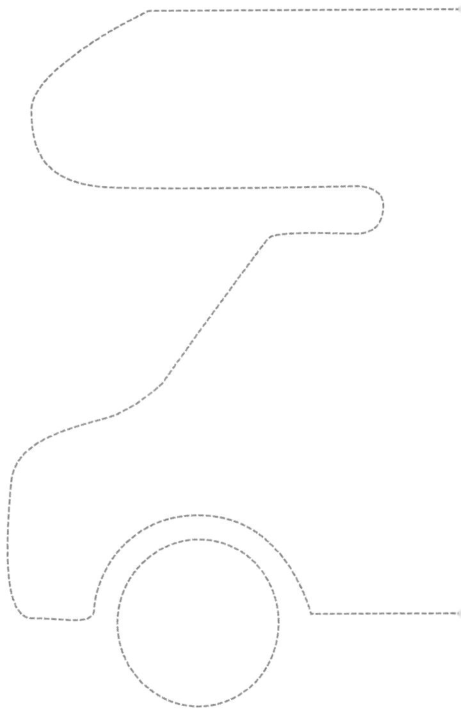

Reise

Fahrtag

Datum

Standort morgens

Standort abends

Routenbeschreibung | Ereignisse

Stell- oder Campingplatzinfo

Wetter

10 Uhr:

14 Uhr:

20 Uhr:

Vorhersage für morgen:

Entfernungen

gefahrene Kilometer:

Übertrag:

Kilometer insgesamt:

nächste Etappe:

Wichtiges für den nächsten Tag

Persönliche Einträge

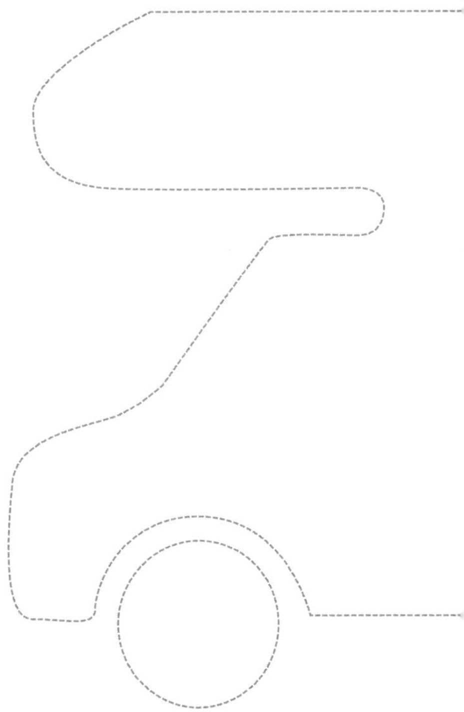

Reise

Fahrtag

Datum

Standort morgens

Standort abends

Routenbeschreibung | Ereignisse

Stell- oder Campingplatzinfo

Wetter

10 Uhr: ______

14 Uhr: ______

20 Uhr: ______

Vorhersage für morgen: ______

Entfernungen

gefahrene Kilometer: ______

Übertrag: ______

Kilometer insgesamt: ______

nächste Etappe: ______

Wichtiges für den nächsten Tag

Persönliche Einträge

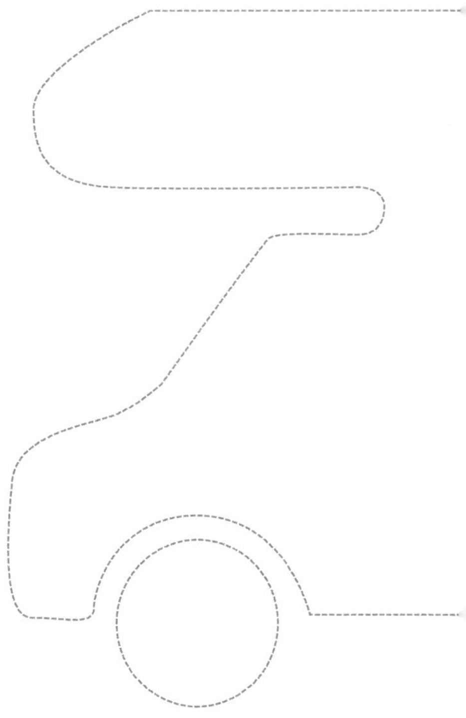

Reise

Fahrtag

Datum

Standort morgens

Standort abends

Routenbeschreibung | Ereignisse

Stell- oder Campingplatzinfo

Wetter

10 Uhr:

14 Uhr:

20 Uhr:

Vorhersage für morgen:

Entfernungen

gefahrene Kilometer:

Übertrag:

Kilometer insgesamt:

nächste Etappe:

Wichtiges für den nächsten Tag

Persönliche Einträge

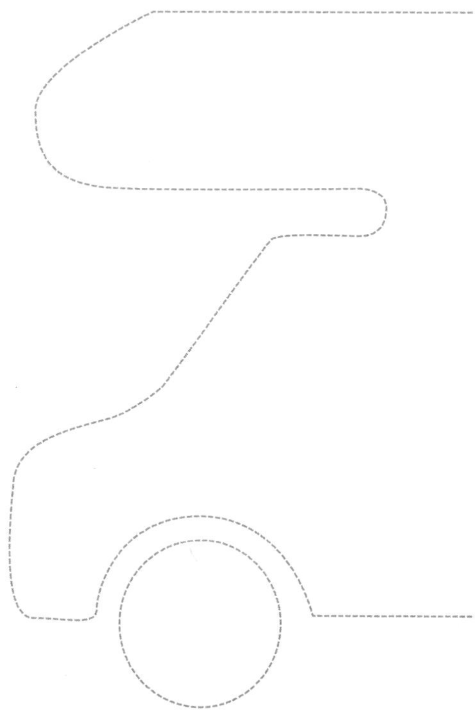

Reise

Fahrtag

Datum

Standort morgens

Standort abends

Routenbeschreibung | Ereignisse

Stell- oder Campingplatzinfo

Wetter

10 Uhr:

14 Uhr:

20 Uhr:

Vorhersage für morgen:

Entfernungen

gefahrene Kilometer:

Übertrag:

Kilometer insgesamt:

nächste Etappe:

Wichtiges für den nächsten Tag

Persönliche Einträge

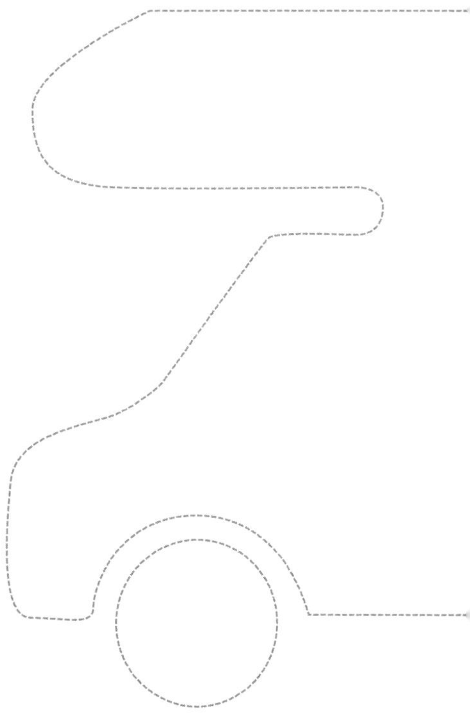

Reise

Fahrtag

Datum

Standort morgens

Standort abends

Routenbeschreibung | Ereignisse

Stell- oder Campingplatzinfo

Wetter

10 Uhr:

14 Uhr:

20 Uhr:

Vorhersage für morgen:

Entfernungen

gefahrene Kilometer:

Übertrag:

Kilometer insgesamt:

nächste Etappe:

Wichtiges für den nächsten Tag

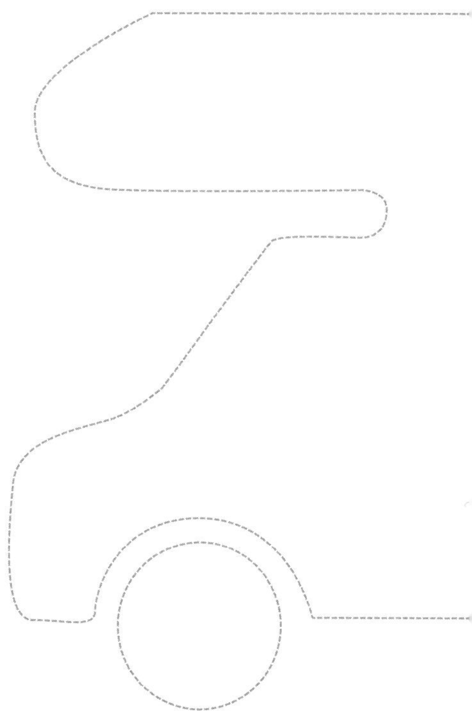

Reise

Fahrtag

Datum

Standort morgens

Standort abends

Routenbeschreibung | Ereignisse

Stell- oder Campingplatzinfo

Wetter

10 Uhr:

14 Uhr:

20 Uhr:

Vorhersage für morgen:

Entfernungen

gefahrene Kilometer:

Übertrag:

Kilometer insgesamt:

nächste Etappe:

Wichtiges für den nächsten Tag

Persönliche Einträge

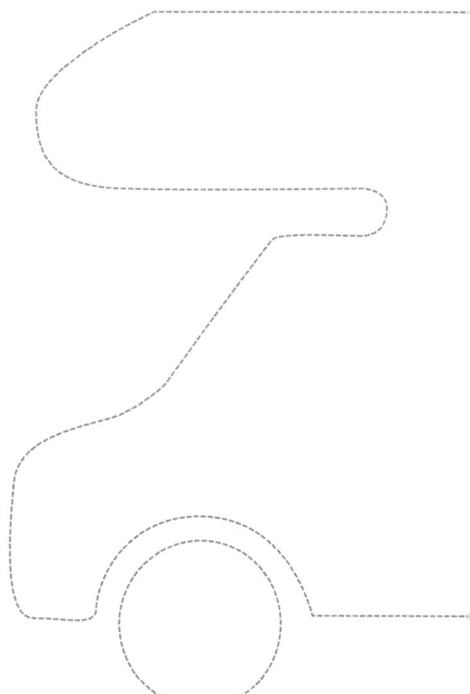

Reise

Fahrtag

Datum

Standort morgens

Standort abends

Routenbeschreibung | Ereignisse

Stell- oder Campingplatzinfo

Wetter

10 Uhr:

14 Uhr:

20 Uhr:

Vorhersage für morgen:

Entfernungen

gefahrene Kilometer:

Übertrag:

Kilometer insgesamt:

nächste Etappe:

Wichtiges für den nächsten Tag

Persönliche Einträge

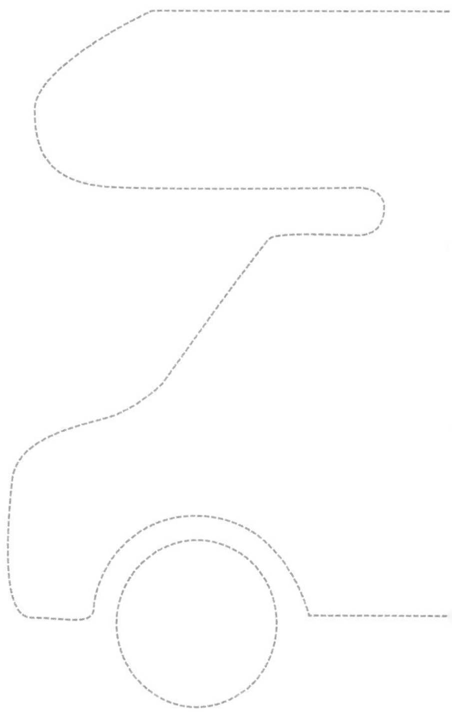

Reise

Fahrtag

Datum

Standort morgens

Standort abends

Routenbeschreibung | Ereignisse

Stell- oder Campingplatzinfo

Wetter

10 Uhr:

14 Uhr:

20 Uhr:

Vorhersage für morgen:

Entfernungen

gefahrene Kilometer:

Übertrag:

Kilometer insgesamt:

nächste Etappe:

Wichtiges für den nächsten Tag

Persönliche Einträge

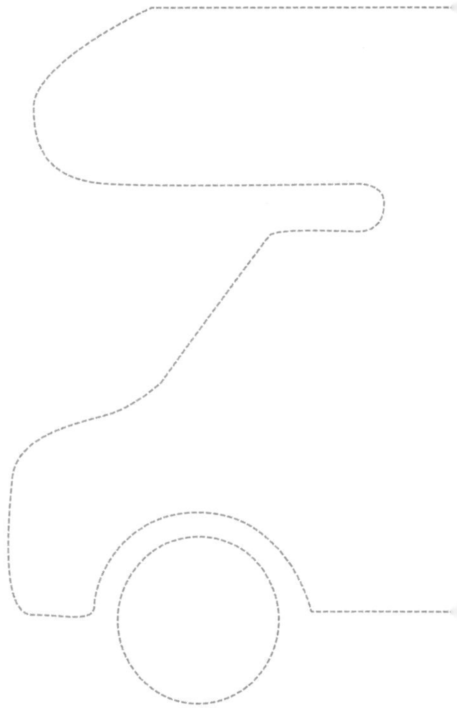

Jahresabschluss

Jahresabschluss für das Jahr ____________

Anzahl der Reisen ____________

Reiseregionen/Reiseländer ____________

Insgesamt gefahrene Kilometer ____________

Bewertungen der Reisen ____________

Jahresabschluss für das Jahr ____________

Anzahl der Reisen ____________

Reiseregionen/Reiseländer ____________

Insgesamt gefahrene Kilometer ____________

Bewertungen der Reisen ____________

Jahresabschluss für das Jahr ....

Anzahl der Reisen ....

Reiseregionen/Reiseländer ....

Insgesamt gefahrene Kilometer ....

Bewertungen der Reisen ....

Jahresabschluss für das Jahr ....

Anzahl der Reisen ....

Reiseregionen/Reiseländer ....

Insgesamt gefahrene Kilometer ....

Bewertungen der Reisen ....

Roadinfo

Tempolimits und Notruf in Europa (Angaben in km/h)

Reiseland	innerorts	außerorts			Autobahn			Notruf	
		< 3,5 t	< 7,5 t	> 7,5 t	< 3,5 t	< 7,5 t	> 7,5 t	Notfall	Polizei
Albanien	40	70	70	70	80	80	80	17	19
Belgien	50	90*	90	60/90*	120	90	90	112	112
Bosnien/Herzeg.	50	80	80	80	130	80	80	124	122
Bulgarien	50	90	70	70	140*	100	100	112	112
Dänemark	50	80	70	70	130	80	80	112	112
Deutschland	50	100	80	60	130*	100	80/100	112	110
Estland	50	90	70	70	110	70	70	112	112
Finnland	50	80/100*	80/100*	80*	80/100*	80/100*	80*	112	112
Frankreich	50	80	80	80	130	110	90	112	112
Griechenland	50	90/110*	80*	80*	130	80	80	112	112
Großbritannien	48	96	80	80	112	112	112	112	112
Irland	50	60/80*	60/80*	60/80*	120	80	80	112	112
Island	50	80/90*	80/90*	90*	–	–	–	112	112
Italien	50	90	80	80	130	100	100	112	112
Kroatien	50	90	80	80	130	90	90	112	112
Lettland	50	90*	90*	80/90*	90	90	80	112	112
Litauen	50	90	80	70	110	90	90	112	112
Luxemburg	50	90*	75*	75*	130*	90*	90*	112	112
Mazedonien	50/60	80	80	80	80	80	80	194	192
Montenegro	50	80	80	80	–	–	–	112	112
Niederlande	50	80	80	80	100	80	80	112	112
Norwegen	50	80	80	80	90/100*	80	80	113	112
Österreich	50	100	70	70	130*	80	80	112	112
Polen	50	90	70	70/80*	140	80	80	112	112
Portugal	50	90/100*	70/80	70/80	120*	110	110	112	112
Rumänien	50	80	80	80	120	110	110	112	112
Russland	60	90	70	70	110	90	90	112	112
Schweden	50	70–110*	80/90*	80/90*	110	80	80	112	112
Schweiz	50	80	80	80	120	100	100	112	112
Serbien	50	80	80	80	80	80	80	112	112
Slowakische Rep.	50	90	90	80	130	80/90	80	112	112
Slowenien	50	90	80	80	100	80	80	112	112
Spanien	50	80	80	80	100	90	90	112	112
Tschechische Rep.	50	90	80	80	130	80	80	112	112
Türkei	50	80	80	80	90	80	80	112	155 (m. 112)
Ungarn	50	90	70	70	130*	80	80	112	112/107
Zypern	50	80	80	80	100	100	100	112	112

Alle Angaben ohne Gewähr, Stand Frühjahr 2022

*** Besondere Bestimmungen sind zu beachten, z. B. Führerscheinbestimmungen, Uhrzeit, Ausbau der Straße, …**

Fähren in Europa

Viele Ziele in Europa erreicht der Reisemobilist bequem mit der Fähre. Eine Fährüberfahrt bedeutet oft »Urlaub von Anfang an«. Je nach Ziel und Dauer der Überfahrt benötigt man eine Kabine. Während man schläft, werden der Reisende und natürlich das Reisemobil zum Urlaubsland befördert. Bei einigen südeuropäischen Fähren ist es auch möglich, im Reisemobil zu übernachten. Hier lautet der Slogan »Camping an Bord«. Die meisten Fähren verfügen über ein gutes gastronomisches Angebot. Wer eine Fähre buchen möchte, sollte die speziellen Tarife beachten, die für Camper angeboten werden. Und wer bei dem Reisedatum flexibel ist, kann in der Nebensaison viel Geld sparen. Ein Vergleich lohnt sich immer!

Fähren nach Island, Skandinavien und ins Baltikum

Fährverbindung	Gesellschaft	Website
D–S; DK–S; DK–N; D–LV; PL–S	Stena Line	www.stenaline.de
D–N; DK–N; S–N	Color Line	www.colorline.de
DK–N; S–EST; D–LT; LT–S	DFDS Seaways	www.dfdsseaways.de
DK–N; S–N; N–N	FjordLine	www.fjordline.com
D–DK; DK–S	Scandlines	www.scandlines.de
DK–IS; DK–FO	Smyril Line	www.smyrilline.de
D–DK (Bornholm)	Bornholms Traffiken	www.faehren-daenemark.de
D–DK (Bornholm); DK–DK; S–DK	Bornholmer Færgen	www.faergen.de
D–FIN, S–FIN; D–S	Finnlines	www.finnlines.com
D–S	TT-Line	www.ttline.com
S–FIN; FIN–EST	Viking Line	www.vikingline.de
FIN–EST	Eckerö Line	www.eckeroline.com

Fähren nach England, Schottland, Nordirland und Irland

Fährverbindung	Gesellschaft	Website
NL–GB; GB–IRL; GB–GB; F–IRL	Stena Line	www.stenaline.de
F–GB; NL–GB	DFDS Seaways	www.dfdsseaways.de
F–GB; F–IRL; GB–E	Brittany Ferries	www.brittanyferries.de
F–IRL; GB–IRL	Irish Ferries	www.irishferries.com/de/
F–GB; NL–GB; B–GB; GB–IRL; GB–GB; GB–E	P&O Ferries	www.poferries.com

Fähren auf die Balearen, nach Korsika, Elba, Sardinien und Sizilien

Fährverbindung	Gesellschaft	Website
Span. Festland–Balearen	Balearia	www.balearia.com
Span. Festland–Balearen	Acciona Trasmediterranea	www.trasmediterranea.es
Franz. Festland–Corsica	Corsica Linea	www.corsicalinea.com
Ital. Festland–Corsica	Corsica & Sardinia Ferries	www.corsica-ferries.de
Ital. Festland–Corsica	Moby Lines Europa	www.mobylines.de
Ital. Festland–Elba	Corsica & Sardinia Ferries	www.corsica-ferries.de
Ital. Festland–Elba	Moby Lines Europa	www.mobylines.de
Ital. Festland–Sardinien	Corsica & Sardinia Ferries	www.corsica-ferries.de
Ital. Festland–Sardinien	Moby Lines Europa	www.mobylines.de
Ital. Festland–Sardinien	Tirrenia	www.tirrenia.de
Ital. Festland–Sardinien	Grimaldi Lines	www.grimaldi-lines.com
Ital. Festland–Sardinien	Grandi Navi Veloci	www.seereisen-agentur.de
Ital. Festland–Sizilien	Grimaldi Lines	www.grimaldi-lines.com
Ital. Festland–Sizilien	Grandi Navi Veloci	www.seereisen-agentur.de

Fähren nach Kroatien, Griechenland und Albanien

Fährverbindung	Gesellschaft	Website
I–HR	Jadrolinja	www.ocean24.de
I–GR	Anek Lines	www.anek.gr
I–GR	Minoan Lines	www.ferriesgreece.com
I–GR	Superfast Ferries	www.superfast.com
I–AL	Ventouris Ferries	www.seetour24.de
GR–GR	Hellenic Seaways	www.hellenicseaways.gr

Alle Angaben ohne Gewähr, Stand Herbst 2018

Wichtige Adressen

Automobilclubs

- ADAC, Hansastr. 19, 80686 München, Tel. 0800-5 10 11 12, **www.adac.de**
  ADAC Pannenhilfe Deutschland: 0180/222 22 22, Mobil 22 22 22,
  Notfallruf im Ausland: +49/89/22 22 22 (Fahrzeugschaden),
  +49/89 76 76 76 (Verletzung, Krankheit)
- AvD, Goldsteinstr. 237, 60528 Frankfurt/Main, Tel. 069/6606-300, **www.avd.de**,
  Notrufnummer: 0800/990 99 09 (Inland), +49/69/660 66 00 (Ausland)
- ACSI, Geurdeland 9, NL-6673 DR Andelst, 0031-(0)488-471434, **www.acsi.eu** (Länder- und Campinginfos, geführte Campingreisen)

- Reisemobil-Versicherungsservice GmbH, Im Weiherchen 4–6, 52525 Heinsberg, Tel. 02452/97 70 70, **www.rmv-versicherung.de**
- Auto Club Europa ACE, Schmidener Str. 227, 70374 Stuttgart, Tel. 0711/530 33 66 77, **www.ace.de**, ACE Pannenhilfe: 0711/530 34 35 36
- Leading Campings of Europe, Kettelerstr. 26, 40593 Düsseldorf, Tel. 0211/87 96 49 95, **www.leadingcampings.com**

Weitere Ansprechpartner

- Deutscher Camping-Club e.V., Mandlstr. 28, 80802 München, Tel. 089/380 14 20, **www.camping-club.de**
- Caravaning Informations GmbH (CIG), Hamburger Allee 14, 60486 Frankfurt/Main, Tel. 069/704 03 90, **www.caravaning-info.de**

Zubehör

Passendes Zubehör erhält der Reisemobilist u. a. bei folgenden Versandhäusern:

- **www.frankana.de**
- **www.fritz-berger.de**
- **www.movera.com**
- **www.pieper-freizeit.de**
- **www.reimo.com**

Reiseliteratur

Informative Wohnmobil-Reiseführer zu folgenden Ländern und Regionen sind im Bruckmann Verlag erschienen: Europa, Deutschland, Schottland, Schweiz, Norwegen, Schweden, Kroatien, England, Dänemark, Frankreich, Italien, Niederlande, Kanada, Neuseeland,...
Weitere Infos unter **www.bruckmann.de**.
Über die Campingplätze informiert die Website www.pincamp.de sowie der ADAC Campingführer (Bände Nord und Süd; **www.adac.de/shop**), der DCC-Campingführer (**www.dcc-campingfuehrer.eu**) sowie die Campingführer des ACSI (**www.acsi.eu**). ACSI und ADAC haben auch jeweils einen Stellplatzführer herausgegeben. Ein sehr hilfreicher Stellplatzführer ist der BordAtlas (**www.bordatlas.de**). Über viele interessante Routen für Reisemobile informiert die Website **www.reisemobil-routen.de**. Obwohl das Navi ein wichtiger Wegbegleiter ist, sollte der Reisemobilist stets die Straßenkarte im Blick haben. Vor der Reise gilt es, das Kartenmaterial zu besorgen.

Persönliche Ergänzungen

Techniktipps und Ratschläge für die Reise von A–Z

Beifahrer

Verbreitet ist das Problem, dass sich der Beifahrer nur selten hinter das Steuer setzt. Das sollte man nach Möglichkeit ändern. Auch der Beifahrer muss stets fähig sein, das Wohnmobil zu fahren. Generell wird der »Hauptfahrer« dadurch entlastet und im Krankheitsfall können die Etappe oder, im schlimmsten Fall, die Fahrt zum Krankenhaus auch durchgeführt werden.
Erste »Übungsfahrten« sollte man z. B. in Gewerbegebieten oder auf großen, leeren Supermarkt-Parkplätzen unternehmen. Glücklicherweise werden auch spezielle Sicherheitstrainings angeboten.

Campingkarte

In vielen Reiseländern wird eine kostenpflichtige Campingkarte benötigt. Sie muss jedes Jahr bestellt werden und umfasst die Daten des Inhabers. So kann man schnell und unbürokratisch einchecken. Als eine Art »Pfand« verbleibt sie anstatt des Reisepasses bis zur Abreise auf den Campingplätzen.
Sehr verbreitet sind die Karten »Camping Key Europe« (Bestellung ADAC-Miglieder www.adac-shop.de; Nichtmitglieder z. B. www.bvcd.de) oder die »Camping Card International« (www.campingcardinternational.com). Mit diesen Karten erhält man vielfach Rabatte auf den Campingplätzen. ACSI und ADAC bieten in ihren Camping- und Stellplatzführern eine heraustrennbare Karte an, die erhebliche Vergünstigungen auf Campingplätzen in der Nebensaison bietet.

Diebstahlschutz

Leider ist man nicht immer sicher unterwegs und so gehören Einbrüche in das Wohnmobil in manchen Urlaubsregionen zum traurigen Alltag. Jeder Reisemobilist sollte sich über den passenden Diebstahlschutz informieren.
Einen verbesserten Schutz stellen zusätzliche Schlösser an der Aufbautür dar. Generell sollten Wertsachen nicht leicht zugänglich aufbewahrt werden. Darüber hinaus ist das Abstellen des Reisemobils auf belebten Camping- und Stellplätzen stets sicherer als das Wildcamping, das vielfach verboten ist.

Dokumente

Zu den vielen benötigten Dokumenten gehören u. a. Fahrzeugschein, Reisepass (oder Personalausweis), Impfbescheinigungen, Krankenkassenbescheinigungen und Versicherungsunterlagen. Sie sollten stets greifbar mitgeführt werden. Ratsam ist es auch, alle Dokumente zu kopieren und an schwer zugänglichen Stellen (z. B. im Staufach oder der Heckgarage) zu deponieren.

Fahrrad

Das Fahrrad muss mit! Mit dem Drahtesel lässt sich die Umgebung bestens erkunden. So gehört es in die Heckgarage oder auf den Radträger. Bei einer Radtour gönnt man sich und dem Wohnmobil eine erholsame Pause. Touristeninfos informieren gerne über schöne Radtouren. In einigen Reiseländern muss am Fahrradträger auch eine Warntafel angebracht werden!

Flüssigkeitskontrolle

Nur ein technisch einwandfreies Wohnmobil soll auf die Reise geschickt werden. Auch nach langen Etappen ist eine Kontrolle ratsam. Neben der Kontrolle der Beleuchtung und der Reifen sollten alle Motorflüssigkeiten überprüft werden. Eine Kontrolle umfasst Motoröl, Bremsflüssigkeit, Kühlflüssigkeit, Flüssigkeit der Servolenkung sowie das Reinigungswasser der Scheibenwaschanlage.

Gasversorgung

In Europa zeigt sich bei der Gasversorgung ein sehr unterschiedliches Bild. Nicht überall können eingeführte Gasflaschen getauscht oder gefüllt werden. Teilweise sind Adapter notwendig. So ist es immer ratsam, mit gefüllten Gasflaschen zu verreisen, und vor der Abreise ist es hilfreich, sich über die Gasversorgung des Reiselandes eingehend zu informieren. Nur in wenigen Ländern wie Belgien, Niederlande, Österreich, Polen, Slowenien, Tschechische Republik und Ungarn ist der Tausch bzw. das Befüllen der Gasflasche kein Problem. Eine hilfreiche Webseite ist u.a. www.alugas.de

Information

Hilfreiche Infos sollte man vor der Reise einholen. Neben den einschlägigen Reiseführern halten auch die Fremdenverkehrsverbände zahlreiche Infos für den Reisenden bereit. Im Internet stößt man hier auf ansprechende Websites, die man über Suchmaschinen einfach finden kann. Ist der Kontakt einmal hergestellt, erhält man vielfach umfassendes Infomaterial wie Broschüren, Flyer, Campingplatzübersichten oder einfaches Kartenmaterial. Natürlich sollte sich der Reisemobilist auch vor Ort die Infos aus erster Hand besorgen. Gerne wird an den Rezeptionen des Campingplatzes, in den Touristeninformationen und an den Sehenswürdigkeiten informiert. Sicherlich hat der Nachbar auf dem Camping- oder Stellplatz noch einen guten Tipp parat.

Mautgebühren

Nicht überall in Europa kann der Reisemobilist die Straßen kostenfrei nutzen. Mittlerweile sinkt die Zahl der Länder mit kostenfreier Straßennutzung. Eine Vignette wird für die Länder Bulgarien, Österreich, Rumänien, Schweiz, Slowakische Republik, Slowenien, Tschechische Republik und Ungarn benötigt.

In den folgenden Ländern ist die Maut abhängig von der zurückgelegten Strecke: Italien, Frankreich, Griechenland, Irland, Kroatien, Mazedonien, Polen, Portugal, Serbien und Spanien. In Schweden und Norwegen wird an einigen Stellen, zum Beispiel vor Tunneln, Autobahnabschnitten und vor der Einfahrt in größere Städte, eine Maut erhoben. Weitere Infos liefert z. B. www.kfz-auskunft.de.

Mitnahme von Hunden

In jedem Land gelten unterschiedliche Vorschriften für die Mitnahme von Hunden. Daher ist es mehr als ratsam, sich vor der Reise über die Bestimmungen zu informieren. Vielfach wird der EU-Heimtierausweis mit gültiger Tollwutimpfung sowie ein Mikrochip zur Identifikation des Tieres benötigt. Natürlich muss man sich vor dem Einchecken auf dem Campingplatz auch informieren, ob Hunde erlaubt sind.

Motordiagnose

Wenn im Reiseland Motorprobleme auftreten, kann dies nicht nur teuer werden, sondern der Reiseablauf kann erheblich gestört werden. Hilfreich kann es sein, ein kleines, elektronisches Motordiagnosegerät mitzuführen. Störungen werden angezeigt und man kann selber den Fehler auslesen.

Hierbei wird das vergleichsweise kostengünstige Gerät an die OBD2-Dose (liegt in der Nähe des Lenkrads) angeschlossen. Wie schwerwiegend der Fehler ist, kann ein Telefonat mit der heimischen Werkstatt klären. Spontane Fehler können auch gelöscht werden. Über eine OBD2-Dose verfügen Reisemobile ab Baujahr 2000/2001 (Benzinmotor) und ab Baujahr 2003/2004 (Dieselmotor).

Reifen

Über den guten Zustand der Reifen und des Luftdrucks sollte man sich stets vor der Reise überzeugen. Nur wenige Reisemobile verfügen über ein Reifendruck-Kontrollsystem. Reifen stellen eine wichtige Verbindung zwischen Straße und Fahrzeug dar. Wer Wintercamping macht, darf auf Winterreifen nicht verzichten. Ebenfalls sollte man dann Schneeketten an Bord haben. Wichtig ist hierbei, dass man das Anlegen der Schneeketten vor dem Ernstfall geübt hat. Die Profiltiefe sollte bei Winterreifen mindestens 4 mm und bei Sommerreifen 1,6 mm betragen. Sollten Reifen älter als 6-8 Jahre sein, kann man sich Gedanken über einen Neukauf machen. Über das Produktionsdatum informiert die DOT-Kennzeichnung auf dem Reifen. DOT2416 weist darauf hin, dass der Reifen in der 24. Kalenderwoche des Jahres 2016 hergestellt wurde.

Spritsparen

Wer ökonomisch unterwegs ist, spart nicht nur Geld, sondern meistens auch die Nerven. So geht es ganz entspannt durch die Reiseregion. Bei einer spritsparenden Fahrweise sind einige Ratschläge zu beherzigen. Generell sollte das Wohnmobil in einem technisch einwandfreien Zustand sein (Inspektion und Wartung!). Darüber hinaus sollten nur wirklich benötigte Dinge befördert werden und das Frischwasser erst am Zielort komplett aufgefüllt werden. Das Gewicht spielt beim Verbrauch eine wichtige Rolle. Gleiches gilt für Dachboxen, die sich negativ auf den Luftwiderstand und die Fahrstabilität auswirken.
Generell sollte man hohe Geschwindigkeiten mit dem Wohnmobil (insbesondere Alkovenmobile) vermeiden, da der Verbrauch dann überproportional ansteigt. »Reisen statt Rasen« sollte hierbei das Motto lauten. Es sollte vorausschauend gefahren werden. Das »Warmlaufenlassen« des Motors belastet Umwelt und Verbrauch gleichermaßen. Dieselmotoren verfügen über ein hohes Drehmoment. So fährt man in dem Bereich von 1500 bis 2000 Umdrehungen in der Minute. Es wird zügig beschleunigt und dann früh hochgeschaltet.
Schließlich sollte regelmäßig der Luftdruck in den Reifen kontrolliert werden. Ein leicht erhöhter Reifendruck von 0,2 bar wirkt sich positiv auf den Verbrauch aus.

Warnweste

Die Mitnahme von Warnwesten ist in den meisten europäischen Ländern Pflicht. Generell sollte für alle Insassen eine Weste vorhanden sein.

Wasserentkeimung

Vor der Reisesaison sollten der Tank und die Wasserleitung mit speziellen Präparaten entkeimt werden. Dieses Präparat kann auch im Notfall während der Reise nützliche Dienste leisten. Generell ist der Einbau eines Wasserfilters empfehlenswert, sodass während der Reise ungewünschte Keime herausgefiltert werden. Gerade in heißen Urlaubsregionen sollten nur kleine Wassermengen aufgefüllt und das Wasser häufiger gewechselt werden. Im Zweifel sollte man vor dem Auffüllen das Wasser in ein Trinkglas laufen lassen und es kurz prüfen (Trübung, Geruch, Temperatur).

Zoll

Wer in ein Land einreist, darf bestimmte Güter nur in limitierten Mengen mitnehmen. Dies betrifft in erster Linie Alkohol und Zigaretten. Gleiches gilt dann für die Ausfuhr aus dem Reiseland. Ratsam ist es, sich über die Zollbestimmungen (z. B. Reisefreimengen) des Reiselandes zu informieren. Eine hilfreiche Internetseite ist www.zoll.de.

Persönliche Ergänzungen

Checkliste

Persönliche Dinge

- [ ] Handy
- [ ] Reisepass oder Personalausweis
- [ ] Führerschein
- [ ] Impfausweis
- [ ] Corona-App
- [ ] Blutgruppenausweis
- [ ] Europäische Krankenversicherungskarte
- [ ] Auslandsreisekrankenversicherung
- [ ] Campingkarte (CCI/CKE)
- [ ] Kopien der Dokumente
- [ ] Kreditkarten
- [ ] Bargeld
- [ ] Adressbuch
- [ ] Lesebrille
- [ ] Sonnenbrille
- [ ] Medikamente/Reiseapotheke
- [ ] Bücher

Persönliche Ergänzung

Reiseutensilien

- [ ] Reiseführer
- [ ] Straßenkarten/Straßenatlas
- [ ] Camping- und Stellplatzführer
- [ ] Sprachführer
- [ ] Infobroschüren
- [ ] Kamera
- [ ] Fernglas
- [ ] Schreibmaterial
- [ ] Mückenschutz

Persönliche Ergänzungen

Reisemobil

- [ ] Fahrzeugschein
- [ ] grüne Versicherungskarte
- [ ] Schutzbrief
- [ ] Vignette
- [ ] Werkstattverzeichnis
- [ ] Gasflasche(n) gefüllt
- [ ] Frischwasser (teilweise) aufgefüllt
- [ ] Ölstand überprüft
- [ ] Reifenluftdruck kontrolliert
- [ ] Motorflüssigkeiten überprüft
- [ ] Werkzeug
- [ ] Warndreieck
- [ ] Warnwesten
- [ ] Verbandskasten
- [ ] Stromkabel und Adapter
- [ ] Reisewaschmittel
- [ ] Wäscheleine
- [ ] Wäscheklammern
- [ ] Müllbeutel
- [ ] Toilettenchemikalien
- [ ] Toilettenpapier
- [ ] Spüllappen und Spülmittel
- [ ] Lebensmittel (Grundausstattung)
- [ ] Wasserschlauch und Anschlüsse
- [ ] Entkeimungspräparat
- [ ] Auffahrkeile
- [ ] Eimer
- [ ] Pannenausrüstung
- [ ] Unfallset
- [ ] Reservekanister
- [ ] Taschenlampe
- [ ] Feuerlöscher
- [ ] Abschleppseil
- [ ] Starthilfekabel
- [ ] Klappspaten
- [ ] Arbeitshandschuhe

Persönliche Ergänzungen

Kleines Wörterbuch Deutsch–Englisch

Wer viel reist, wird viel erleben – nette Begebenheiten und leider auch so manches Missgeschick! Damit man sich auch im Ausland verständigen kann, folgt hier eine Zusammenstellung wichtiger englischer Begriffe. Auf der Fahrt können die Vokabeln gelernt werden, so sind die notwendigen Begriffe stets parat!

Touristischer Grundwortschatz

Kommunikation

Ja – yes
Nein – no
Danke – Thank you!
Gern geschehen – You're welcome
Entschuldigen Sie! – Excuse me!/Sorry!
Guten Tag! – Good afternoon!
Guten Abend! – Good evening!
Gute Nacht! – Good night!
Hallo! – Hello!
Auf Wiedersehen! – Goodbye!
Tschüs! – Bye!/Bye-bye!
Ich spreche kein Englisch! – I don't speak English!
Wie heißt Du? – What's your name?
Ich habe einen Platz reserviert für … – I have a seat reserved for …
Für eine Nacht. – For one night.
Haben Sie …? – Do you have …?
Wie viel kostet es? – How much is it?
Wie spät ist es? – What time is it?
Links – left
Rechts – right
Geradeaus – straight on

Allgemeines

Briefmarke – stamp
Bus – bus
Campingkarte – camping card
Campingplatz – camp site
Denkmal – monument
Deutschland – Germany
Diebstahl – theft
Einkaufszentrum – shopping centre
Fahrkarte – ticket
Geld – money
Geldautomat – cash machine
Grenze – border
Haltestelle – stop/station
Hauptbahnhof – central station
Kathedrale – cathedral
Kirche – church
Landkarte – map
Markt – market
Museum – museum
Personalausweis – ID
Platz – square
Polizei – police
Polizist – policeman
Post – post office
Postkarte – postcard
Restaurant – restaurant
Rathaus – town hall/city hall
Schloss – castle
Schlüssel – key
Taxi – taxi
Telefonzelle – phone box
Turm – tower
Überfall – attack
U-Bahn – underground
Urlaub – holiday
WC – toilet
Zentrum – city center
Zoll – customs
Zug – train

Gesundheit

Apotheke – pharmacy
Arzt – doctor
Blut – blood
Erkältung – have a cold
Fieber – feever
Kopfschmerz – headache
Krankenhaus – hospital
Krankenversicherung – health insurance
Medikament – drug/medicine
Notfall – emergency
Verletzung – injury
Wunde – wound
Zahnschmerzen – toothache
Zahnarzt – dentist

Zahlen

0 – zero
1 – one
2 – two
3 – three

4 – four
5 – five
6 – six
7 – seven
8 – eight
9 – nine
10 – ten
11 – eleven
12 – twelve
13 – thirteen
14 – fourteen
15 – fifteen
16 – sixteen
17 – seventeen
18 – eighteen
19 – nineteen
20 – twenty
21 – twenty-one
22 – twenty-two
30 – thirty
40 – forty
50 – fifty
60 – sixty
70 – seventy
80 – eighty
90 – ninety
100 – one hundred

101 – one hundred and one
200 – two hundred
300 – three hundred
1000 – one thousand
2000 – two thousand
10000 – ten thousand

Wochentage

Montag – Monday
Dienstag – Tuesday
Mittwoch – Wednesday
Donnerstag – Thursday
Freitag – Friday
Samstag – Saturday
Sonntag – Sunday

Monate

Januar – January
Februar – February
März – March
April – April
Mai – May
Juni – June
Juli – July
August – August
September – September
Oktober – October
November – November
Dezember – December

Technisches Wörterbuch

Kommunikation

Überprüfen Sie bitte … – Please check …
Ich suche … – I'm looking for …
Ich habe eine Panne! – My car broke down.
Ich habe eine Reifenpanne – I have a flat tyre.
Das Reisemobil springt nicht an! – The camping-car won't start!
Die Batterie ist leer – The battery is flat.
Der Tank ist leer. – I ran out of petrol.
Der Kühler ist undicht. – The radiator leaks.
Mein … ist defekt. – My … is broken.
Der Motor ist zu heiß geworden! – The engine has over-heated!
Wo ist die nächste Werkstatt? – Where is the nearest garage?
Wie lange brauchen Sie, um … zu reparieren? – How long do you need to fix the …?
Rufen Sie schnell einen Krankenwagen! – Please call an ambulance, quickly!

Die wichtigsten Begriffe

Abschleppdienst – towing service
Anlasser – starter
Auspuff – exhaust
Batterie – battery
Benzin – petrol
Bremsen – brakes
Diesel – diesel
Fahrrad – bike
Fenster – window
Führerschein – driving license
Kühler – radiator
Kühlschrank – refrigerator
Kühlwasser – coolant/heat exchange water
Motor – engine
Motorrad – motorbike
Lenkrad – steering wheel
Ölstand – oil level
Panne – breakdown
Parkplatz – car park
Reifen – tyre
Reifendruck – tyre pressure
Scheinwerfer – headlights
Spiegel – mirror
Tank – tank
Tankstelle – petrol station
Trinkwasser – drinking water
Tür – door
Unfall – accident
Versicherung – insurance
Wagenheber – jack
Warndreieck – triangular safety reflector
Werkzeug – tool
Windschutzscheibe – front shield
Wohnmobil – camping-car
Zylinder – cylinder

Impressum

Verantwortlich: Claudia Hohdorf, Kerstin Thiele
Lektorat: Helga Peterz
Layout: Eva-Maria Klaffenböck
Covergestaltung: Ulrike Huber
Repro: Cromika
Kartografie: Heidi Schmalfuß
Herstellung: Anna Katavic
Printed in Slovenia by Florjancic

★★★★★

Sind Sie mit diesem Titel zufrieden? Dann würden wir uns über Ihre Weiterempfehlung freuen.
Erzählen Sie es im Freundeskreis, berichten Sie Ihrem Buchhändler oder bewerten Sie bei Onlinekauf.
Und wenn Sie Kritik, Korrekturen, Aktualisierungen haben, freuen wir uns über Ihre Nachricht an den Bruckmann Verlag, Postfach 40 02 09, D-80702 München oder per E-Mail an lektorat@verlagshaus.de.

Unser komplettes Programm finden Sie unter www.bruckmann.de

Alle Angaben dieses Werkes wurden vom Autor sorgfältig recherchiert und auf den neuesten Stand gebracht sowie vom Verlag geprüft. Für die Richtigkeit der Angaben kann jedoch keine Haftung übernommen werden.

Die Deutsche Nationalbibliothek verzeichnet diese Publikation in der Deutschen Nationalbibliografie; detaillierte bibliografische Daten sind im Internet über http://dnb.d-nb.de abrufbar.

8. aktualisierte Neuauflage
2022 © 2020, 2019, 2018, 2017, 2016, 2015, 2014 Bruckmann Verlag GmbH,
Infanteriesraße 11a, 80979 München
ISBN 978-3-7654-5220-8

Der Autor

Dr. Thomas Kliem (geb. 1965) ist promovierter Freizeit- und Fremdenverkehrsgeograph und arbeitet seit rund 30 Jahren als Reisejournalist. Für den Bruckmann Verlag hat er u.a. Reiseführer über Skandinavien, Norwegen, Schweden, Oberitalien, Europa, Deutschland und den Niederrhein geschrieben. Er organisiert Events rund ums Caravaning, hält landeskundliche Vorträge, leitet Schulungen für den TÜV Nord und betreibt die informative Webseite www.reisemobilrouten.de. Darüber hinaus ist er Inhaber einer Firma, die kompakte Reisemobile baut (www.daily-camper.de).

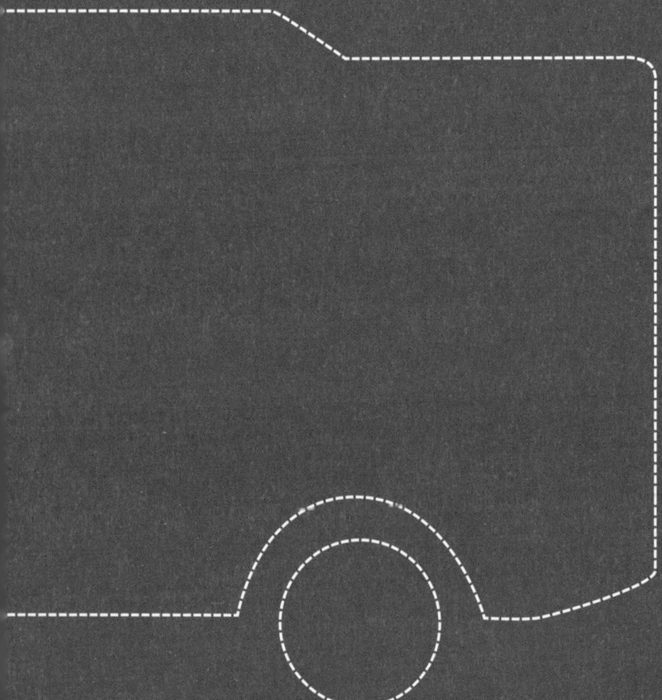